現代思想入門

千葉雅也

JN054784

講談社現代新書

2653

目次

第七章　ポスト・ポスト構造主義

付録　現代思想の読み方

おわりに　秩序と逸脱

はじめに　今なぜ現代思想か

今なぜ現代思想を学ぶのか

この本は現代思想に入門する本です。

ここで言う「現代思想」とは、一九六〇年代から九〇年代を中心に、主にフランスで展開された「ポスト構造主義」の哲学を指しています。フランスを中心としたものなのですが、日本ではしばしば、それが「現代思想」と呼ばれてきました。

本書では、その代表者として三人を挙げたいと思います。

ジャック・デリダ、ジル・ドゥルーズ、ミシェル・フーコーです。

他にジャック・ラカンやカンタン・メイヤスーなどにも触れることになりますが、この本ではとにかくデリダ、ドゥルーズ、フーコーという三つ巴をざっくり押さえます。この三人で現代思想のイメージがつかめる！　それが本書の方針です。

では、今なぜ現代思想を学ぶのか。

どんなメリットがあるのか？

現代思想を学ぶと、**複雑なことを単純化しないで考えられる**ようになります。**単純化できない現実の難しさを、以前より「高い解像度」で捉えられるようになる**でしょう。

——と言うと、「いや、複雑なことを単純化できるのが知性なんじゃないのか？」とツッコミが入るかもしれません。ですが、それに対しては、「世の中には、単純化したら台無しになってしまうリアリティがあり、それを尊重する必要がある」という価値観あるいは倫理を、まず提示しておきたいと思います。そう聞いて、「ふむふむ、そうだよな」と思ってくださるならいいのですが、「なんじゃそれは」とイラつく人もいるかもしれない。ともかく読み進めてみて、役に立つものかどうかご判断いただければ幸いです。

もう少し、この冒頭で、今なぜ現代思想なのかを説明させてください。

大きく言って、現代では「きちんとする」方向へといろんな改革が進んでいます。これは僕の意見ですが、それによって生活がより窮屈になっていると感じます。

きちんとする、ちゃんとしなければならない。すなわち、秩序化です。

秩序から外れるもの、だらしないもの、逸脱を取り締まって、ルール通りにキレイに社会が動くようにしたい。企業では「コンプライアンス」を意識するようになりました。のみならず、我々は個人の生活においても、広い意味でコンプライアンス的な意識を持つようになったというか、何かと文句を言われないようにビクビクする生き方になってきていないでしょうか。今よりも「雑」だった時代の習慣を切り捨てることが必要な面もあるでしょう。しかし改革の刃は、自分たちを傷つけることにもなっていないでしょうか。

こうした現代の捉え方を、ここではごく大ざっぱに言うだけにします。じゃあ具体的にどういう問題があるかと例を挙げると、その例だけに注目して拒絶され――「それをきちんとするべきなのは当然だ」と問答無用の反発を受けて――、話を聞いてもらえないかもしれないからです。

ですから時代の大きな傾向として言います。現代は、いっそうの秩序化、クリーン化に向かっていて、そのときに、必ずしもルールに収まらないケース、ルールの境界線が問題となるような難しいケースが無視されることがしばしばである、と僕は考えています。何か問題が起きたときに再発防止策を立てるような場合、その問題の例外性や複雑さは無視され、一律に規制を増やす方向に行くのが常です。それが単純化なのです。世界の細かな凹凸が、ブルドーザーで均《なら》されてしまうのです。

物事をちゃんとしようという「良かれ」の意志は、個別具体的なものから目を逸らす方向に動いてはいないでしょうか。

そこで、現代思想なのです。

現代思想は、秩序を強化する動きへの警戒心を持ち、秩序からズレるもの、すなわち「差異」に注目する。それが今、人生の多様性を守るために必要だと思うのです。

人間は歴史的に、社会および自分自身を秩序化し、ノイズを排除して、純粋で正しいものを目指していくという道を歩んできました。そのなかで、**二〇世紀の思想の特徴は、排除される余計なものをクリエイティブなものとして肯定したこと**です。

第四章で説明しますが、遡ると、その原点は一九世紀のニーチェの哲学にあります。ニーチェは『悲劇の誕生』において、「ディオニュソス的なもの」という言い方で、荒ぶる逸脱のエネルギーをクリエイティブなものとして肯定しました。

逸脱にクリエイティブなものが宿るという考え方は、二〇世紀を通してポピュラーになりました。芸術家にはハチャメチャなところがある、みたいなイメージですね（それも「昭和的」になり、今では品行方正な人が好まれるのかもしれません）。

予定を超えて朝まで飲んでしまうとか、突然「今から海に行くか」となってレンタカーでドライブに出かけてしまうとか、そのくらいなら日常起こりうる軽い逸脱で、青春映画みたいな爽やかさです。「勢い」ですね。その一方で、最も極端には、犯罪という逸脱がある。では、激しい社会運動で、法的にギリギリであるような行動などはどうなのか。法の隙をつく狡猾なビジネスはどうなのか。逸脱には実にさまざまな様態があります。考えてみてほしいのですが、ナチス・ドイツによるユダヤ人迫害は法によって遂行されたのであり、抵抗するには違法行為＝逸脱が必要だったのです。

そもそも、ルールに則っている状態とはどういうことなのか。法的にセーフかアウトかというのは解釈が必要で、だから法曹の仕事があるのであって、ボタンを押したら答えが出るのではありません。ここには、ソール・クリプキというアメリカの哲学者が考えた「規則のパラドックス」という有名な問題が潜んでいます。詳しく知りたい方は、飯田隆『規則と意味のパラドックス』（ちくま学芸文庫）を読んでみてください。

僕は一九七八年生まれで、九〇年代から二〇〇〇年代にかけて精神形成をした人間なので、二〇世紀的なものをずっと背負っているのですが、デジタル・ネイティブの世代からすると、逸脱をポジティブに考えるというのは違和感があるかもしれません。

有名な「盗んだバイクで走り出す」という歌詞がありますが、あれはかつて、がんじ搦《がら》めの社会秩序の「外」に出ていくという解放的なイメージで捉えられていました。ところが今日では、「他人に迷惑をかけるなんてありえない」という捉え方がけっこう本気で言われているようです。そういう解釈は当初は冗談だったのですが。

今日では、秩序維持、安心・安全の確保が主な関心になっていて、以前のように「外」

に向かっていく運動がそう単純には言祝《ことほ》がれなくなっています。

そういう状況に対して僕は、さまざまな管理を強化していくことで、誰も傷つかず、安心・安全に暮らせるというのが本当にユートピアなのかという疑いを持ってもらいたいと思っています。というのも、それは戦時中のファシズムに似ているからです。

僕は祖父母が戦争を経験しているので、皆が一丸となってひとつの方向を向くことへの警戒心をギリギリ教えられてきた世代です。そういう昭和の記憶があるからこそ、一人の人間が逃げ延びられる可能性が倫理的につねに擁護されるべきだと考えるのです。犯罪の抑止は必要だとしても、過剰な管理社会が広がることへの警戒は言わねばならないし、現代思想はまさにその点に関わっており、人が自由に生きることの困難について語っている思想だと思うのです。

秩序をつくる思想はそれはそれで必要です。しかし他方で、秩序から逃れる思想も必要だというダブルシステムで考えてもらいたいのです。

たとえば机の上がめちゃくちゃだったら気分が悪いわけで、整理整頓したい。ところが、知人のアーティストから聞いた話ですが、机の上がキッチリ整理整頓されすぎていると、絵が「硬く」なってしまう。なので、むしろいい加減にしているのだと。この感覚は僕にもわかります。人間が人工的につくり出す秩序ではない、何かもっと有機的なノイズみたいなものがないと、思考が硬直化してしまいます。

僕は机の上に植物を置いていますが、植物は自然の秩序ですが、同時に、人間の言語的な秩序からは逃れる外部を示している。植物は思い通りに管理できません。勝手な方向に延び、増殖もする。そういう「他者」としての植物にときどき目をやると、物事を言葉でがんじ搦めにしようとしてしまう傾向に風穴を空けるような効果があります。

動物を飼うのもそうですね。他者が自分の管理欲望を攪乱することに、むしろ人は安らぎを見出す。ここが逆説的なのです。すべてを管理しようとすればするほど、わずかな逸脱可能性が気になって不安に駆られるのです。むしろ秩序の攪乱を拒否しないことで不安は鎮まっていく。だから人は恋愛をしたり、結婚したりもするのです。それは秩序をつくるためというより、攪乱要因とともに生きていくことが必要だからでしょう。

入門のための入門

それにしても「現代」思想とは言いますが、もう古くなってしまったことは否めません。それは二〇世紀後半の思想であり、現代世界はその頃からだいぶ変わっています。それに、インターネットが登場する以前の思想なわけです。

今、現代思想の本を読むのはかなり難しいと思います。

デリダを読もうと思ったら、その前段階である「構造主義」の理解が少しは必要だし、ラカンの精神分析（フランス現代思想における精神分析の重要性については、後で詳しく触れたいと思います）の知識が前提になっていたり、暗黙の前提が多いのです。

二一世紀になってから、第一線の研究者によるわかりやすい入門書がたくさん出るようになりました。そういう出版状況になってから読書を始めた世代からすると、二〇世紀後半に書かれた学問的文章はあまりに不親切で、暗号文みたいで衝撃を受けるでしょう。怒りすら感じる人がいてもおかしくないと思います（ですが、昔は読者に一定以上の教養を求め、読めないなら読めない方が悪いと突き放すのは普通でした。それでも読者はついていこうとしたのです）。

たとえば、LGBTQの権利に関して決定的な仕事をしたジュディス・バトラーというアメリカの思想家がいますが、彼女の『ジェンダー・トラブル』（一九九〇）は、人間の欲望においては必ずしも異性愛が基本ではないということを独特の論法で示した本です。『ジェンダー・トラブル』は、ジェンダー、セクシュアリティについて勉強しようと思ったら一度は通らなければならない本なのですが、本書で説明するデリダの脱構築的な考え方と、精神分析の知識が前提になっています――しかも何の断りもなくそうなんです。おそらく、これを必読書だと聞いて読もうとしても、その一冊だけで読めるものではありません。バトラーは現代思想の応用編みたいな仕事をしているのです。ともかく、現代思想全体が今では解けない暗号文みたいになってしまい、どういう周辺知識が必要かも含めて説明しないと読めないものになってしまっています。

ですが、本書を読めば、バトラーの『ジェンダー・トラブル』にも一歩近づくことができます。まったく歯が立たなくはなくなります。すぐには読めません。本書から出発して、さらに詳しい入門書に手を伸ばしてください。後ほど本の紹介もします。デリダについても良い入門書があるし、日本には東浩紀さんの『存在論的、郵便的——ジャック・デリダについて』（新潮社）という大変重要な研究書もあります。これは本格的な研究書ですが、推理小説のようにも読めるエキサイティングな本で、デリダに興味を持ったらぜひ読んでもらいたいですね。本書はそういう段階へ進むための第一歩、つまり「入門のための入門」、「入門書のための入門書」なのです。ですから、かなりラフな記述になる部分もありますが、その点は専門家の方々もご容赦をいただければ幸いです。

専門家であっても、いきなり素手で読んだのではなく、大学の先生や先輩との会話のなかで「デリダとかってだいたいこういうもんだ」というある種の常識を聞かされて、「そういうもんか」と読み始めたはずなのです。しかし、一般読者にはそういう機会がありません。ですから本書では、プロの世界でここ三〇年くらい「そういうもんだ」と思われてきたところの現代思想の基礎を一般に開放したいと思います。

ポスト構造主義とポストモダン

先ほど説明なしに使った「ポスト構造主義」という言い方ですが、これはデリダやドゥルーズらをひと括りにして言うときに使われるものです。「ポスト」とは「後」という意味で、「構造主義の後に続く思想」ということになります。ただ、本人たちがそう自称したわけではなく、この呼称に対しては批判もあります。ここではとりあえず、デリダらを括るためのフォルダとして、中立的に使うことにさせてください。

ポスト構造主義については、「ポストモダニズム」、「ポストモダン思想」という言い方もされたりしますが、こちらは悪い意味で言われることもあるので、あまり積極的に使いたくないものです。ポストモダン、すなわち「近代の後」と言われるときには、一九七〇、八〇年代以降が想定されることが多く、その時期がポスト構造主義の時代です。

このポストモダンという時代区分について説明しておきます。

ポストモダンとは「近代の後」です。そもそもの「近代」とは、今日我々が生きる社会の基本ができた時代で、一七から一九世紀あたりを指します（学問分野によって範囲が異なります）。近代とは、市民社会や進歩主義、科学主義などが組み合わさったものです。

大まかに言って、近代は、民主化が進み、機械化が進み、古い習慣が捨てられてより自由に生きられるようになり、「人間は進歩していくんだ」と皆が信じている時代です。皆が同じように未来を向いている。

その後、世界経済が、つまり**資本主義が発展していくなかで、価値観が多様化し、共通の理想が失われたのではないか、というのがポストモダンの段階**です。このことを、**「大きな物語」が失われた**、と表現します（この「大きな物語」という概念はジャン＝フランソワ・リオタールというやはりポスト構造主義の哲学者によるものです）。

そうした状況は、九〇年代後半からのインターネットの普及によってさらにはっきりしました。今、ＳＮＳを眺めてみれば、細かに異なる無数の主義主張が言われているわけですが、そういう多様性によって世界がより幸福なものになったかというと、むしろ、いざこざの可能性が増えて世界はよりストレスフルになってしまったと思います。僕にはそのように現状に対するネガティブな思いがありますが、それはともかくとして、今でもなお誰もが進歩を信じて未来を向いている近代なのだろうか？　という疑問を持つのはそう変なことではないでしょう。

ポストモダンの状態を良しとするポストモダン思想、ポストモダニズムは、「目指すべき正しいものなんてない」、「すべては相対的だ」、という「相対主義」だとよく言われます。そして、デリダやドゥルーズらがその首領なのだと言われたりする。

相対主義批判＝ポストモダン批判＝現代思想批判、というわけです。

なぜ相対主義はダメなのか。何でもありになるからです。事実にもとづかない陰謀論や、人を抑圧し暴力を肯定するような主張にも余地を与えかねない。ドナルド・トランプが大統領になった時期には、ウソを事実のようにごり押しすることを「ポスト・トゥルース」と呼ぶようになりましたが、そういう「世の乱れ」の原因はかつてのポストモダン的現代思想にある、と批判する人も出てきた。

これは不当だと思います。真理の存在が揺らぎ、人々がバラバラになるのは世界史のやむをえない成り行きなのであり、かつて現代思想はその始まりに反応して、それはいかなることなのかと理論化を試みたのです。

確かに現代思想には相対主義的な面があります。後で詳しく述べるように、**二項対立を脱構築する**ことがそうなのですが、それはきちんと理解するならば、「どんな主義主張でも好きに選んでOK」なのではありません。そこには、他者に向き合ってその他者性＝固有性を尊重するという倫理があるし、また、共に生きるための秩序を仮に維持するということが裏テーマとして存在しています。みんなバラバラでいいと言っているのではありません。**いったん徹底的に既成の秩序を疑うからこそ、ラディカルに「共」の可能性を考え直すことができるのだ、というのが現代思想のスタンス**なのです。

構造主義

次に、「構造主義」について説明します。

これは一九六〇年代にフランスで大ブームとなった思想、というか学問の方法論で、事典を引くと難しそうな定義が載っていると思いますが、そんなに難しくもないのです。感覚的に捉えてもらいたい。たとえば、「Aという映画と、Bというマンガと、Cというテレビドラマでストーリーが同じ構造になっている」、と言うとき、ここでの「構造」という言葉の使い方はある程度通じるでしょう。構造主義というのはそういう話です。構造とは、おおよそ「パターン」と同じ意味だと思ってください。

具体的には異なってはいても、別の作品やジャンルで、抽象的に同じパターンが繰り返されているという見方は、今日ではよく見られるものです。物語のパターンを意識して新しい作品をつくる――「鉄板」のパターンを使ったり、あるいはパターンをズラしてみたり――というのは、構造主義的な方法です。大塚英志の物語論はその代表で、ぜひ『ストーリーメーカー――創作のための物語論』(星海社新書)を読んでみてください。そうした見方を最初に展開したのが構造主義なんです。逆に言えば、驚くかもしれませんが、以前には何でもパターンとして考えられるというのは自明ではなかったのです。

その時代、偉大な文学作品と週刊誌のマンガが同じ構造をしていると言ってのけることは、権威主義に挑戦する大胆な態度だったのです。そういう意味で、構造主義は「割り切っている」感じが現代的で、ドライで、ひじょうに新鮮だったのです（本書の第六章では、それこそ構造主義的に、現代思想の「つくり方」のパターンを分析します）。

こうした考え方がいろんな分野で出てきたのですが、とくにその起源に位置するものとして重要なのが、クロード・レヴィ＝ストロースの文化人類学です。レヴィ＝ストロースは「構造人類学」と呼称して、人類の親族関係はどういうパターンで成り立っているかという研究から始め、最終的には、世界中の神話をパターン分類し、その解釈を行いました。構造主義には、人類文明全体に及ぶパターンを発見するぞ、というモチベーションがあり、ある種の普遍学を目指していました。

しかし、それに対して、パターンの変化や、パターンから外れるもの、逸脱を問題にし、ダイナミックに変化していく世界を論じようとしたのがポスト構造主義だと言えるでしょう。比べると、構造主義はもっとスタティック、静的で、世界をパターンの反復として割り切れると思っていたところがあった。

二項対立の脱構築

さて、では、現代思想の代表的三人、デリダ、ドゥルーズ、フーコーをどう扱うか。三者には共通の問題があったと捉えることにします。異論もあるかもしれませんが、デリダに主導権を持たせると話の見通しがよくなると思うので、そうしてみます。

とくにデリダのテーマなのですが、三人に共通することとして言えるのは「二項対立の脱構築」だと思います。本書を通して、読者の皆さんには「脱構築的」な考え方を身につけてもらうことになります。脱構築は、英語ではディコンストラクション（deconstruction）という単語です。フランス語ではdéconstructionとアクセント記号がついて、デコンストルクシオンと発音します。これはデリダの用語であり、ドゥルーズとフーコーはこの言葉を使っていませんが、本書ではドゥルーズとフーコーにも「脱構築的な考え方がある」というふうに解釈することにします。

脱構築とはどういうものかは第一章で説明しますが、ここで簡単に言っておくなら、**物事を「二項対立」、つまり「二つの概念の対立」によって捉えて、良し悪しを言おうとするのをいったん留保する**ということです。

とにかく我々は物事を対立で捉えざるをえません。善と悪、安心と不安、健康と不健康、本質的なものと非本質的なもの（どうでもいいもの）……などなど。私たちが何かを決めるときは、何か二項対立を当てはめ、その「良い」方を選ぼうとするものです。

とはいえ、善と悪という対立で善を選ぶ、健康と不健康の対立で健康を選ぶのは当たり前だと思うかもしれません。これらはプラス／マイナスが常識的に明らかな対立ですが、もっと曖昧《あいまい》なものもあります。自然と文化、身体と精神のような二項対立は、どちらがプラスとも決められないでしょう。ですが、しばしば、どちらかに優位性を与える価値観が主張されます。どちらをとるかで主義が分かれるのです。こうしたケースは第一章で説明します（自然と文化を例にします）。

さて、たとえば、お昼にカツカレーを食べるかどうか迷っているとしましょう。言うまでもなくカツカレーはひじょうに高カロリーです。カレーは脂質が多く、ほとんど脂の塊を食べているようなものです！　そのとき、カツカレーはうまいだろうなあという素朴な欲望をとるか、それともダイエットをとるか、のような二者択一が生じる。

背景には、痩せた体の方がよいか気にしないか、健康か不健康か、といった二項対立が走っています。欲望のままに生きると不健康になり、それは悪だが、我慢すれば健康になり、善である（話を簡単にするため、体型の問題は省略）。このように、何かを判断するときには、はっきり意識せずとも二項対立の計算をしているわけです。

悩んだ末、今日はカツカレーを食べることにする。しかも最近はダイエットを意識していたのにそうしたとすると、むしろ不健康であっても欲望を、あるいは快楽をとる判断をしたことになります。よくあることです。人間はわかっていても正しさを維持して生きることはできず、ときには良からぬことをしてしまうものです。

私たちは日常、必ずしも二項対立を厳密に運用していないというか、実にテキトーです。しかし、それは一貫性がなくてダメなのかというと、それだけではありません。もっと原理的な問題があるのです。**そもそも、二項対立のどちらがプラスなのかは、絶対的には決定できない**からなのです。以上の場合なら、不健康が悪だと一概には言えないのです。長生きだけが人生ではない。不健康な生活になってでも、太く短く生きるという人生だって、なかなか世間は許そうとしないでしょうが、自由ではないでしょうか？

さらに言えば、どう生きるかを自分で勝手に決めてよいのか、自由はどこまで可能なのか、といった問題がここで生じるでしょう（たとえば、不健康にならないよう努めないのは、皆で分担する健康保険料を他人から多く「奪う」ことになるからダメだ、などと言う人も出てくる）。自由vs.社会への適応、自律vs.他律といった二項対立をどうするかで議論になる。

二項対立は、ある価値観を背景にすることで、一方がプラスで他方がマイナスになる。

もうひとつ、秩序と逸脱という例を考えてみましょう。

基本的に、秩序に対して逸脱はマイナスだと見なされる。ですが、私たちは羽目を外して朝まで飲んでしまったりすることがあります（今はコロナ禍で難しいですが）。そういうとき、すごく楽しくて、人間関係が深まったりすることがありますね。ですから、逸脱が一概に悪いとも言えない。では逸脱が犯罪的なものにまでなってしまったらどうか。法との関係で逸脱がどこまで許容されるのか、何を犯罪として捉えるかということまで含めて考えると、その線引きは難しい問題になります。

このように、二項対立のプラス／マイナスは、あらかじめ絶対的なものとして決まっているわけではなく、ひじょうに厄介な線引きの問題を伴うのです。その線引きの揺らぎに注目していくのが脱構築の思考であると、まずは言えると思います。

本書では、**デリダは「概念の脱構築」、ドゥルーズは「存在の脱構築」、フーコーは「社会の脱構築」**という分担で説明します。

グレーゾーンにこそ人生のリアリティがある

秩序からの逸脱というと、暴走する人を褒め称えているみたいに聞こえるかもしれませんが、ちょっとイメージを変えていただきたいのです。それは自分の秩序に従わない他者を迎え入れることを意味します。それにはトラブルがつきもので、人と人が傷つけ合うことがまったくないなんてことはありえません。多かれ少なかれ、自分が乱される、あるいは自分が受動的な立場に置かれてしまうということにも人生の魅力はあるのです。

このことからして、すでに話は脱構築的になってきています。

自分で自分の行動をきっちりコントロールでき、主体的・能動的であるべきだ、受け身になるのはよくない、という考え方が世間には強くあるし、自己啓発でもよく言われます。だけれど、我々は他者とともに生きている。他者に主導権があり、それに振り回されることがしばしばある。そのことがイヤなようでもあり、そこにこそ楽しさがあるようでもある。この両義性が重要です。能動的であればよいというわけではないのです。かといって、受動的になりきってしまい、他人の言いなりになってしまうのはそれはそれで困ったことです。だから、能動性と受動性についても、どちらがプラスでどちらがマイナスかということを単純に決定できないのです。

このように、**能動性と受動性が互いを押し合いへし合いしながら、絡み合いながら展開されるグレーゾーンがあって、そこにこそ人生のリアリティがある。**

イントロダクションはこのくらいにしましょう。まずはデリダからです。脱構築とはどういう論理なのかを最初に理解していただきたいと思います。

第一章　デリダ——概念の脱構築

独特なデリダのスタイル

「はじめに」では、二項対立のどちらをとるべきか、では捉えられない具体性に向き合うものとして現代思想を理解してほしいと述べました。それが二項対立の「脱構築」であり、その考え方を打ち出した哲学者がジャック・デリダ（一九三〇〜二〇〇四）です。

なお、一応注意ですが、デリダは「二項対立」を考え出した人ではありません。二項対立を「脱構築」する、という新たな思考法を示したのがデリダです。

意識的に二項対立を使ってものを考えること自体を新鮮に感じる読者もたぶんいて、大学の授業でもデリダの話をすると、デリダは二項対立の人、という誤解を受けるときがあるのですが、二項対立というもの自体は昔からあるわけで、論理的に考えようとすると出てくるものです。

まず「二項対立」の意味をネットで調べてみます。「デジタル大辞泉」（小学館）なら標準的な辞書だと言えるでしょう。次のようにあります。

二項対立《dichotomy》

論理学で、二つの概念が矛盾または対立の関係にあること。また、概念をそのように二分すること。内側と外側、男と女、主体と客体、西洋と非西洋など。二分法。

シンプルな定義ですね。「はじめに」で挙げた例は、健康と不健康、安心と不安、自然と文化、などでした。もうちょっと哲学的な例を足すと、能動と受動、必然と偶然、などもそうです。こういう反対の関係になっているペアを二項対立と呼びます。

では、まずプロフィールの紹介から。デリダは一九三〇年に生まれ、二〇〇四年に亡くなりました。「脱構築」や「エクリチュール」といった概念によって知られる哲学者で、ポスト構造主義の代表的な一人と見なされています。デリダはアルジェリア出身のユダヤ系フランス人で、哲学を志してパリに出てきた人です。ですからヨーロッパにおけるマイノリティとしての、他者としての立場を持っており、そこが彼の哲学に関わってきます。

デリダの基本的な考え方は、『声と現象』（一九六七）、『グラマトロジーについて』（一九六七）で明確に示されています。この二つに加えて論文集『エクリチュールと差異』（一九六七）が初期の代表作です（六七年に自分のオリジナルな立場を示す三冊をまとめて出すのがデリダの計画だったようです）。その後、デリダの文体はより実験的、アクロバット的で、人を試すようなものになっていきます。『散種』（一九七二）や『弔鐘』（一九七四）、『絵葉書』（一九八〇）などが有名です。しかし後期になると、『法の力』（一九九四）などより読みやすいものになります。

『声と現象』は短いのですが、フッサールの現象学に対する脱構築なので、まず現象学についてざっと知っておく必要があります。『グラマトロジーについて』は、前半の基礎理論のところはそれほど予備知識なしでも読めるかもしれない。『エクリチュールと差異』はフロイトとかレヴィナスとか、いろんな対象について論じているので、その対象を知らないと難しいでしょう。

通常の論理では、AとBを対比して一方をとる、というのが基本的な進み方ですが、AとBどっちつかずのところを巧みに書いていこうとするデリダの文体は、かつてなく独特の、一見はっきりしないような大変読みにくいものになっています。今日こんな書き方をする人はいないでしょう。よくよく読むとひじょうに精密なものであるのですが、とにかく読むにはかなり慣れが必要です。デリダの書いた本をいきなり読むのは難しいです。大江健三郎のような癖の強い作家の本を読むような意識で取り組む必要があり、普通のビジネス書を読む感覚で情報がスイスイ入ってくるのを期待すると、およそ何が書いてあるんだかさっぱりわからないでしょう。

入門書は、まず高橋哲哉『デリダ――脱構築と正義』(講談社学術文庫)をお勧めします。それは、『散種』の第一論文「プラトンのパルマケイアー」の解説から始まるのですが、このテクスト選定にはなるほどと思いました。「プラトンのパルマケイアー」はエクリチュールの問題をプラトンから引き出してくるデリダ独特の手つきがよくわかるもので、かつ比較的読みやすい。デリダは、過去の哲学者の文章をひじょうに繊細に読解します。とにかく読みの達人なのです。読むとはこういうことなのか、ここまで読むものなのか、と圧倒されると思います。

余談ですが、デリダの著作を読むと、最近強まっている「わかりやすく書かない方が悪い」という読者中心の態度がいかに浅はかであるか、思い知ることになります。デリダはひじょうに複雑なものを書きますが、それはデリダ自身がまず他人のテクストをきわめて高解像度に読む人だからで、そもそも「読むって、これくらい読みますよね？」というデフォルトの基準がハンパなく高いのです。

二項対立からズレていく差異

大きくフランス現代思想を捉えるには、「差異」というのが最も重要なキーワードです。ポスト構造主義＝現代思想とは「差異の哲学」であると、ひとことで言ってよいと思います。差異は、英語ではディファレンス（difference）、フランス語ではディフェランス（différence）です。

現代思想とは、差異の哲学である。

「差異」は、「同一性」すなわち「アイデンティティ」と対立しています。同一性とは、物事を「これはこういうものである」とする固定的な定義です。逆に、差異の哲学とは、必ずしも定義に当てはまらないようなズレや変化を重視する思考です。とくにこれを強く打ち出したのは、次章で扱うドゥルーズです。ドゥルーズの主著は『差異と反復』（一九六八）というタイトルで、それはまさに差異の哲学の代表作と言えるものですが、一方でデリダもまた差異の哲学のもう一人の巨人です。

今、同一性と差異が二項対立をなすと言いましたが、その二項対立において差異の方を強調し、**ひとつの定まった状態ではなく、ズレや変化が大事だと考えるのが現代思想の大方針**なのです。

こうした考え方に対し、「物事の同一性を定義することを批判して、何か微妙なところばかりを言えばいいと思っているのか」、「同一性を崩せばいいのか」といった批判が出てくる可能性があります。「そんなこと言ったって、一定の安定性がなければ社会が成り立たないではないか」と。

それに対しては、これは僕の解釈という面が強いのですが、デリダはべつに脱構築によって全部を破壊しろと言っているわけではないと、まずは答えたい。あくまでも脱構築は

「介入」であって、すべてが崩れるなんていうことは考えられていません。ですから、**何か「仮固定的」な状態とその脱構築が繰り返されていくようなイメージでデリダの世界観を捉えてほしい**のです。

むしろ、現代思想的な発想を徹底するならば、「同一性と差異の二項対立も脱構築する」ことが必要です。

どういうことか。それはつまり、**とにかく差異が大事だと言うだけではなく、物事には一定の状態をとるという面もある**ということです。ただし、その一定の状態は絶対ではなく、仮のものです。ここで「仮固定」という言い方をしてみたいのです（これは僕自身の概念です）。物事はいわば「仮固定的」な同一性と、ズレや変化が混じり合って展開していくのですが、こうした**仮固定的同一性と差異のあいだのリズミカルな行き来**が現代思想の本当の醍醐味である、ということになるでしょう。

同一性というのはもちろん悪いものではなく、必要なのです。ただし、**同一性は絶対ではないというマインドを持つ**ことが大事なのです。というのも、常識的な世界においては、同一性をガッチリ固めることを強いるような価値観があるからです。「大人はしっかりしなきゃいけない」、「ひとつ考えを決めたら一貫性を持たなければいけない」、「定義はできるだけ純粋なものでなければいけない」とか、「男らしくあれ」、「親らしくあれ」、「管理職らしくあれ」とかですね。

パロールとエクリチュール

デリダの議論は、何を考えるにせよ、思考すること全般に関わるものです。一種の思考術ですね。だからいろいろ応用が利きます。

二項対立においては、しばしば、一方が優位、他方が劣位なものとして規定されます。ですが、優劣が反転することもあります。たとえば、文化を自然よりも高められた状態として扱う――つまり「自然－／文化＋」――ことがありますが、反対に文化は自然を汚染する、悪くて二次的なものと見なすこともある。この場合は「自然＋／文化－」ですね。そうして、自然を支配するのが大事だという立場の人と、自然に帰れという立場の人とでイデオロギー闘争が起きることになる。

さて、ここでグッと抽象度が高い話になるのですが、デリダにおいては、「話し言葉」（または「声」）と「書かれたもの」という二項対立がすべての二項対立の根本に置かれます。「話し言葉」はフランス語で「パロール」、「書かれたもの」は「エクリチュール」と言います。パロール／エクリチュールという対立です。

古代から、書かれたものよりも実際に聞いた話の方が真理の基準である、とする考え方があります。たとえばツイッターのやりとりは誤解を生みやすい。短くしか書けないし、人によって言葉のどこに注目するかが違うので、悪いように解釈されたりする。そんなとき、実際に対面してしゃべると意外に誤解が解けたりする。目の前で語られることに真理性があるというのは昔からある考え方なんです。

それに対し、書かれたものは解釈がさまざまに可能で、別の文脈のなかに持っていけば価値が変わってしまう。**エクリチュールは、ひとつの同じ場所に留まっておらず、いろんなところに流れ出して、解釈というか誤解を生み出していくのです。**

そのようなエクリチュールの性質をデリダは悪いものと捉えず、そもそもコミュニケーションでは、そういう誤解、あるいは間違って配達される「誤配」の可能性をなしにすることはできないし、その前提で人と付き合う必要がある、ということを考えました。実際、目の前でしゃべっていたって、本当にひとつの真理を言っているとは限りません。しゃべっていることにだってエクリチュール性はあるのです。

二項対立の分析

次のような例を見てみましょう。

優柔不断なのはいけない。責任をもって決断しなければいけない。どっちつかずの態度でいると、人に振り回されることになる。大人になるというのは、決断の重さを引き受けることだ。

こんなツイートが流れてきたとします。これは人がどうあるべきかを言っているもので、はっきり価値を示している主張です。二項対立を複数使って組み立てられています。デリダが念頭にあれば、次のように分析できます。

まず、「優柔不断vs.責任ある決断」という対立。優柔不断はマイナス、責任ある決断はプラスです。次に、「どっちつかず」は「優柔不断」とイコールで、「人に振り回される」というのは、そうは書いていませんが、概念的に言えば「受動的になる」ということですね。「受動的」の対立概念は「能動的」ですから、「優柔不断＝受動的vs.責任ある決断＝能動的」となります。そして最後に「大人」が出てきて、「責任ある決断＝能動的＝大人」という等式をつくります。逆に言うと、「優柔不断＝受動的＝子供」となります。加えて「決断の重さ」とも言っていますから、決断しないのは「軽い」ということになる。これがこの文に含まれる二項対立の分析です。

そうすると、最終的に次のような結論になる。まずマイナスなのは、「優柔不断＝受動的＝子供＝軽い」です。そしてプラスなのは、「責任ある決断＝能動的＝大人＝重い」です。イヤな感じがするかもしれませんが、人が何かを主張するときには、基本的に、そこに含まれている二項対立をこんなふうに分析することが可能なのです。

まずこの発想をとった上で、ここでマイナスの側に置かれているものをマイナスと捉えるのは本当に絶対だろうか？　という疑問を向けるのが、脱構築の基本的発想です。デリダを学ぶと、日常生活あるいは仕事などで自分に向けられる二項対立について、この種のツッコミを入れることが可能になるのです。いつでもこういうツッコミを入れていたら、生活も仕事も成り立たなくなりますが（笑）。このマイナスの側に注目するというのが、デリダが次の引用で言っている「転倒」です。

（……）古典的哲学におけるような対立においては、われわれはなんらかの差し向かいといった平和的共存にかかわりあっているのではなく、ある暴力的な位階序列づけにかかわっている（……）。当該の二項のうち一方が他方を（価値論的に、論理的に、等々）支配し、高位を占めているのです。そういう対立を脱構築するとは、まずある一定の時点で、そうした位階序列を転倒させることとです。

（ジャック・デリダ『ポジシオン』高橋允昭訳、青土社、二〇〇〇年、六〇頁）

脱構築の手続きは次のように進みます。

①まず、二項対立において一方をマイナスとしている暗黙の価値観を疑い、むしろマイナスの側に味方するような別の論理を考える。しかし、ただ逆転させるわけではありません。

②対立する項が相互に依存し、どちらが主導権をとるのでもない、勝ち負けが留保された状態を描き出す。

③そのときに、プラスでもマイナスでもあるような、二項対立の「決定不可能性」を担うような、第三の概念を使うこともある。デリダにおいて有名なのは、先に紹介した「プラトンのパルマケイアー」に出てくる、「パルマコン」というものです。これは古代ギリシア語で、「薬」でもあり「毒」でもあるという両義性を持っています。実際、薬というのは使い方によっては毒にもなりますよね。ここから、二項対立を脱構築する第三項を「パルマコン的なもの」と呼ぶことができます。文学の脱構築的な読み方では、作品中のある要素が、物語における大きな二項対立（善なのか悪なのかといった）のどちらか一方に属するのではなくパルマコン的なものとして機能している、という読みをするのが定番です。ちょっとだけ引用しますが、デリダは、プラトンの『パイドロス』におけるパルマコンという語の両義性に注目することで、テクストの論理を脱構築していきます。

そのすぐ先のところでソクラテスは、パイドロスが携えてきた書かれたテクストを一種の薬物（*pharmakon*）に喩える。治療薬であると同時に毒薬でもあるこのパルマコン、この「医薬」、この媚薬は、その両義性全体をもって、この言説の本体のなかにすでに忍び込んでいる。この魔力、この魅惑する力、この呪縛する力は――代わるがわる、あるいは同時に――有益でも有害でもありうる。

（デリダ「プラトンのパルマケイアー」、『散種』藤本一勇・立花史・郷原佳以訳、法政大学出版局、二〇一三年、一〇四頁）

非本質的なものの重要性

どんな内容であれ、何か主張をするときには必ずA vs. Bという二項対立を使っているわけですが、通常はあまり意識していません。ほとんど無意識で使っている。

たとえば「ゲームばっかりしてないで、勉強しなさい」という文を考えてみましょう。そこには勉強とゲームの対立があるわけですが、ちょっと抽象化するなら、「真面目なこと／遊び」、「本質的／非本質的」といった二項対立が背後にあるわけです。

本質的／非本質的という対立で考えてみると、本質的なことが非本質的なことよりも大事なのは当たり前ですよね。だってそれが本質的という言葉の定義じゃないですか。**しかし、「本質的なことが大事だ」という常識をデリダは本気で掘り崩そうとするのです。**これこそデリダが画期的だったところです。「非本質的なものの重要性」って、ちょっと言葉として変ですよね。でも、デリダはそこを考えようとするのです。デリダは、ふざけたものを徹底的に真面目に擁護しようとした人なのです。

そう言うと、真面目よりも遊びという非本質的なものを褒めるなんて、「不真面目礼賛、テキトー礼賛というわけか。けしからん！」と怒る人もいるかもしれない。でもそんなに単純な話でもないのです。まさに本質を崩すことによって、世の中をより解放的にすることができるのです。

ちょっと例を考えてみましょう。男性中心的な社会は、強さを基準にしていると言えると思いますが、弱さや受動性を割り当てられてきた女性の側から社会を見直すことで、たとえば、男性的には自分の論理を主張することが重視されがちなところに、まず人の話をよく聴いて細かいところに注目する、というような姿勢で対抗することができる。

こういうデリダの「本質主義批判」のおかげで、ジュディス・バトラーは『ジェンダー・トラブル』という本を書き、同性愛を名誉回復するための原理論を書くことができたのです。また、西洋文明に対して遅れていると見なされていた諸地域の名誉回復をする

「ポストコロニアリズム」という議論も、デリダ的発想によって可能となりました。

近いか遠いか

ここで深掘りしたいのですが、「本質的＝重要」とはどういう意味でしょうか。というのは異様な問いかもしれません。つまり、重要であるとはどういうことかですが、普通そんなことは考えないわけです。しかしデリダはこれを深掘りするのです。デリダによれば、二項対立におけるプラスの項は、「本来のもの」、「本物」、「オリジナル」であり、さらに言うと「直接的なもの」を意味するということになります。

偽物よりも本物の方がよいというのは常識でしょう。本物の絵というのは、作者が直接描いたものである。対して、その贋作は他人が描いたもので、作者という基準点から離れていて、間接的でしかない。本質的で重要なものというのは、ある基準点にとって直接的なものであると言えます。

これが根本的な二項対立で、ありありと目の前に本物があるということを、哲学においては「現前性」と呼びます。そしてそうした現前性に対して劣っているという「再現前」との対立がある。「直接的な現前性＞間接的な再現前」ですね。この二項対立が本物と偽物、本質的と非本質的という対立の根っこなのだというのがデリダの主張です。

要は、「近いか遠いか」ということです。たとえば「自然なものの方がよく、人工的なものはよくない」という価値観はよくあるものだと思います。「有機農法はよく、農薬や人工肥料はよくない」とか。これも地球にもともと備わる自然のプロセスがよく、そこから離れていくとよくないという発想から来ているものです。人工的なものというのは、ここでは大地から離れていくということであるわけです。

ここからデリダ独特のアイデアに進みます。デリダによれば、あらゆる二項対立は、話し言葉と書かれたものの対立と言い換えることができるのでした。すなわち、パロール vs. エクリチュールですね。パロールは現前的であり、それに対しエクリチュールは、元のものから離れてしまっているから誤解を招く、ということになります。

直接的な現前性、本質的なもの：パロール
間接的な再現前、非本質的なもの：エクリチュール

次に挙げるのは『グラマトロジーについて』からの引用ですが、ここではエクリチュールがパロールに対して二次的で、邪魔な存在だと見なされてきたことが言われています（言語学者のソシュールにもそういう考えがあった、という説明です）。

文字言語《エクリチュール》。感覚的物質にして人為的外面性、つまり一つの「衣裳」。人々は、音声言語《パロール》が思惟にとっての衣裳であるということにたいしてはしばしば異議を唱えてきた。フッサール、ソシュール、ラヴェルもその例外ではなかった。だが、文字言語《エクリチュール》が音声言語《パロール》の衣裳であるということがかつて疑われたことがあるだろうか。それはソシュールにとっては、まさに頽廃と堕落の衣裳、腐敗と仮装の衣《ころも》であり、祓わるべき、つまり善き音声言語《パロール》によって追い払わるべき祭りの仮面なのである。
(デリダ『根源の彼方に――グラマトロジーについて』上、足立和浩訳、現代思潮社、一九七二年、七六頁)

このパロールとエクリチュールというのは、あらゆるものに当てはめられる抽象的な二項対立だと捉えてください。**パロールはじかに真意を伝える、エクリチュールは間接的だから誤読される。**このことを、先ほどの自然と人工または文化の対立にも当てはまる「寓話」のように捉えてもらいたいのです。そうすると、どうなるか。自然なものはパロールの側で、人工的、文化的なものはエクリチュールの側だと言えます。実際、「自然の声に耳を傾ける」なんていう言い方がありますね。他方、人工物はエクリチュールであり、食品添加物などはまさに化学式にもとづいて書くようにして物質を合成するわけです。

ここで前に挙げた例に戻ってみましょう。

優柔不断なのはいけない。責任をもって決断しなければいけない。どっちつかずの態度でいると、人に振り回されることになる。大人になるというのは、決断の重さを引き受けることだ。

というツイートでした。

ここで「人に振り回される」とは受動的になることですが、それは言ってみれば、自分が自分自身から引き離される＝間接化されることだと言えます。自分であって自分でなくなる。極端に言えば、自分が偽物になる。つまり、自分がエクリチュールになるということです。

それに対して、「自分で責任をもって決断する」というのは、人の言うことではなく、自分の声を自分で聞いて行動することだと言えます。自分の声、つまり意志に、あいだに余計なものを挟まないで向き合うべきだというわけです。

いかがでしょう、こんなふうにパロールvs.エクリチュール（声vs.書かれたもの）という対立は、寓話として、いろんな場合に当てはめることができるのです。

脱構築の倫理

ここまでがデリダの考え方についての概念的な説明でした。ここからはもう少し砕けたかたちで、デリダの考え方を人生に引き受けるような話をしていきましょう。

大きく言って、二項対立でマイナスだとされる側は、「他者」の側です。**脱構築の発想は、余計な他者を排除して、自分が揺さぶられずに安定していたいという思いに介入するの**です。自分が自分に最も近い状態でありたいということを揺さぶるのです。

「自分が自分に最も近い状態である」というのは哲学的な言い回しかもしれませんが、それがつまり同一性です。それは自分の内部を守ることです。それに対して、デリダの脱構築は、外部の力に身を開こう、「自分は変わらないんだ。このままなんだ」という鎧《よろい》を破って他者のいる世界の方に身を開こう、ということを言っているのです。

このように、「他者の方へ」という大きな方向性は、ユダヤの思想にしばしば見られるものです。デリダとも関係があったエマニュエル・レヴィナス（一九〇六〜一九九五）は二〇世紀を代表するユダヤの哲学者で、彼もそういう方向性を持っています。レヴィナスは、差異というよりまさに「他者の哲学」を展開した人です。その主著『全体性と無限』（一九六一）は、自己――自己を中心にすべてを取り込んでいく「全体性」――とは無限に異なるものとしての「他者」に向き合うことの倫理性を論じるものです。

レヴィナスとデリダの違いを簡単に言っておくと、レヴィナスの場合、他者の隔絶した絶対的な遠さが強調されるのですが、デリダの場合は、日常のなかに他者性が泡立っているようなイメージだと僕は思います。日常を、いわば他者性のサイダーのようなものとして捉える感覚です。**一切の波立ちのない、透明で安定したものとして自己や世界を捉えるのではなく、炭酸で、泡立ち、ノイジーで、しかしある種の音楽的な魅力も持っているような、ざわめく世界として世界を捉えるのがデリダのビジョンであると**言えると思います（レヴィナスだってそういう世界像である、という専門的なツッコミもありうるのですが、まあそれは上級編なので今はいいとします）。

自然と文化に関する例で言ってみるなら、たとえばオーガニック製品がよいといっても、それだけで生活を組み立ててるなんて無理ですよね。逆に、自然を徹底的にコントロールしきるぞ、なんてことも無理です。自然の力は人間の予想を裏切ることがしばしばで、土砂崩れが起きたり、地震が起きたり、原発事故が起きたりするわけです。だから我々は自然の猛威をコントロールすることで安心を得ると同時に、都市生活の決まりきったパターンにうんざりして海に出かけて突然波をかぶったり、色鮮やかな生き物が岩場の陰から出現するのに驚いたりすることで、生の輝きを回復しようとする。都市生活と海辺の旅行を行ったり来たりするのです。そういうことなのであって、そのどちらかではないのです。

文明を批判して山に籠って思索に耽るような純粋主義にもならなければ、自然のロマンティシズムを馬鹿にして都市生活でひたすら金稼ぎに邁進することに居直るのでもなく、自然と文化が入れ子状になっているような、互いに対して泡立つような状況のなかで、我々は生きていかざるをえない。リアリティとはそういうものだと思うんです。**自然と文化は相互に依存し合っており、主従が入れ替わり続ける。その意味で、自然にせよ文化にせよ、パルマコン的に両義的なものだと捉えることができます。**確認ですが、古代ギリシア語のパルマコンとは、「薬でも毒でもあるもの」でした。

しかし、人間はやはり秩序を求めて、何か一方的な価値観を主張する場面が出てきます。それに対し、別の他者的な観点があり、押したり押し返されたりというのを繰り返すような状態になります。デリダ的な脱構築的世界像だけを徹底して生きようとすることは、それはそれでできない。我々には何かを決断する必要がやはりあります。

先ほどのツイートを思い出すなら、決断することが大人の責任だと言っていたわけですが、問題は、とにかく決断することばかりを強調しているところです。

確かに人は、物事を先に進めるために、他の可能性を切り捨ててひとつのことを選び取らなければなりません。**しかしそのとき、何かを切り捨ててしまった、考慮から排除してしまったということへの忸怩《じくじ》たる思いが残るはずです。**そしてまた、そのとき切り捨てたものを別の機会に回復しようとしたりすることもある。

ここでまた仮固定と差異の話を思い出していただきたいのですが、すべての決断はそれでもう何の未練もなく完了だということではなく、つねに未練を伴っているのであって、そうした**未練こそが、まさに他者性への配慮**なのです。我々は決断を繰り返しながら、未練の泡立ちに別の機会にどう応えるかということを考え続ける必要があるのです。

脱構築的に物事を見ることで、偏った決断をしなくて済むようになるのではなく、我々は偏った決断をつねにせざるをえないのだけれど、そこにヴァーチャルなオーラのように他者性への未練が伴っているのだということに意識を向けよう、ということになる。それがデリダ的な脱構築の倫理であり、まさにそうした意識を持つ人には優しさがあるということなのだと思います。

未練込みでの決断をなす者こそ「大人」

二項対立はつねに非対称的に他者を排除していて、何らかの二項対立が背後にある決断をすることはつねに他者を傷つけることになっているのではないか、という意識を持つと、何もできなくなってしまうかもしれません。しばしばそういうものとして、つまり行動不能に陥らせるものであるかのようにデリダやレヴィナスの思想を捉える人がいます。

ここは僕の解釈になりますが、**彼らの思想は、「そもそも人間は何も言われなくたってまず行動しますよね」というのを暗黙の前提にしているのだと捉えた方がよいと思います**。人間は生きていく以上、広い意味で暴力的であらざるをえないし、純粋に非暴力的に生きることは不可能であるということは、言わずもがなの前提なのです。だからこそ、ここが誤解を招くところだと思うのですが、この言わずもがなの前提の上で、そこにいかに他者の倫理を織り込んでいくかということが問題になっているのです。

しかもその織り込みにも限度がある。何かひとつイベントを企画するとして、誰もが満足して何も批判されないようなものなんてたぶんできないでしょう。時間的にも物資的にも制約があって、有限なわけですから。にもかかわらず、できるだけのことは考えるし、もし批判があったらそれはそれで対応する。

ですからもうひとつのポイントは、この立場から言うと、人が何かを決断したり行ったりしているとき、こういう他者への配慮が足りないという批判を起こすことはつねに可能だということです。その意味で言うと、言葉は悪いですが、ひとつの決断をデリダ的・レヴィナス的観点から「潰そう」とすることはいつでも任意に可能なんです。

逆に言うと、人が何らかの決断をせざるをえないということは「赦す」しかないのです。決断の許諾とそれが排除しているものへの批判は、仕事をし、社会を動かしていかざるをえないという現実性においてバランスを考えるしかない。そしてそのバランスをどうするかに原理的な解決法はないのです。ケース・バイ・ケースで考えるしかない。

人は決断せざるをえません。先のツイートのケースでは、「大人は責任をもって決断するのだ」ということがある種の強さのように言われていました。それを言うなら、**未練込みでの決断という倫理性を帯びた決断**をできる者こそが本当の「大人」だということになるでしょう。

このように本書では、差異や他者からの訴えの重要性を説明した上で、しかし決断や同一化はそれはそれでせざるをえないものなのであって、それと他者性との向き合いが拮抗するなかで生きていくしかないのだ、ということを強調します。そのことをはっきり言う現代思想の入門書であるということが、大きな特徴だと思います。

第二章　ドゥルーズ——存在の脱構築

ドゥルーズの時代

ジル・ドゥルーズ（一九二五〜一九九五）という哲学者を大まかに言うと、固定的な秩序から逃れ、より自由な外部で新たな関係性を広げていくこと、自分の殻を破って飛び出していくこと——を励ますメッセージを発した哲学者、ということになるでしょう。

一九八〇年代の日本では、ベストセラーになった浅田彰『構造と力』（勁草書房）の影響もあり、ドゥルーズ、およびドゥルーズ＋ガタリが注目されました。ドゥルーズは七〇年代から精神分析家・政治活動家のフェリックス・ガタリと共著を書くようになり、二人を合わせてドゥルーズ＋ガタリと呼びます（僕は「＋」記号を使っていますが、二人組の名前の書き方は決まっているわけではなく、他にもあります）。

八〇年代、バブル期の日本におけるドゥルーズの紹介は、旧来の縦割りの秩序が壊れ、資本主義・消費社会の発達、マスメディアの発達によって、新しい活動の可能性がどんどん広がっていった時代の雰囲気とマッチしていました。それまでの時代のように、支配層・資本家と抑圧された労働者が対立するという二項対立ではなく、より多方向的に、二項対立的ではないような社会への介入の仕方が言われるようになり、単純に資本主義を敵視してそれを打ち倒すよりも、資本主義が可能にしていく新たな関係性を活用して、資本主義を内側から変えていくという可能性が言われた時代です（それが有効かどうかは脇に置くとして）。

その後九〇年代に入り、日本ではバブルが崩壊し、不況になり、イケイケドンドン的な空気は終わります。それと軌を一にするかのようにドゥルーズのブームも収まり、楽観的に新たな外部を目指すというよりも、微細な対立や衝突を発見し、二項対立のジレンマを言うような思考、すなわち第一章で扱ったデリダ的な思考が前面化するようになりました。そんな九〇年代を代表する著作として、東浩紀『存在論的、郵便的』というデリダ論がある、と流れをつけることができるでしょう。あまり浅田－東というラインを強調するのもどうかと思いますが、日本における現代思想の受容ではドゥルーズからデリダへという流れがあったことは押さえておくとわかりやすくなると思います。

デリダの時代には同時にレヴィナスも読まれるようになり、より倫理や正義が問題にされるようになりました。まあ、言ってみれば九〇年代の現代思想は辛気くさくなったのです。八〇年代はもっと楽観的で、いろいろ混ぜこぜにすれば面白いことが起きて、何かと良くなるに違いない、という感じがあった。もっと細かなコンフリクトが問題になってくるのは九〇年代以降のことです。

その後、インターネットの普及によって、時代は再びドゥルーズ的になってきます。有名な概念ですが、**横につながっていく多方向的な関係性のことを、ドゥルーズ＋ガタリは「リゾーム」と呼びました。**リゾームとは植物学の用語で「根茎」のことですが、横にどんどん広がっていく芝みたいな植物をイメージしてください。二一世紀に入り、まさにリゾーム的関係性がネットによって文字通りに実現されていくわけです。

リゾームのどんな一点も他のどんな一点とでも接合されうるし、接合されるべきものである。これは一つの点、一つの秩序を固定する樹木ないし根とはたいへん違うところだ。

（ジル・ドゥルーズ＋フェリックス・ガタリ『千のプラトー』上、宇野邦一ほか訳、河出文庫、二〇一〇年、二三頁）

しかし、インターネットで関係性が新たに開かれ、旧来の秩序体制が脱構築され、すべてが良くなっていったかといったら、全然そんなことはなかった。むしろあらゆるものが細やかに接続されて相互監視が強まり、データがどこかに保存され、個人のプライバシーが実は誰かに握られているという時代になったのです。**ネットによって皆が発言権を持つようになったのは確かです。だが、それは管理社会の到来でもあった。**ドゥルーズは管理社会について鋭く予言していました。それは本章の最後で説明します。

差異は同一性に先立つ

まず、著作を紹介しましょう。

ドゥルーズの主著は、博士論文である『差異と反復』（一九六八）と、その翌年に出た『意味の論理学』（一九六九）です。この二つはひじょうに高密度なもので、今でも研究が続いています。どのようにこれを読むかで研究者にいろんな立場がある。どんな哲学書でもそうですが、哲学書には「普通に読む」ということがありません。哲学書はどれもこれも暗号化されたファイルみたいなもので、どうやって鍵を外してある程度理解可能にするかで、研究者がさまざまな読みのアプローチを試みているのです。

初期ドゥルーズは、一冊で一人の哲学者を扱うかたちで研究書を書いていました。その最初はヒュームに関する『経験論と主体性』（一九五三）です。ベルクソン解釈に新風を送り込んだ『ベルクソニズム』（一九六六）も名高いものです。ニーチェとスピノザの研究もあり、いずれも哲学史研究において重要な仕事と見なされています。

『差異と反復』と『意味の論理学』以後、七〇―八〇年代には、ドゥルーズ＋ガタリとしての共著の時期になります。その第一作が『アンチ・オイディプス』（一九七二）、そしてその第二巻である『千のプラトー』（一九八〇）。二人で書いたカフカ論もあります。

その後、ドゥルーズはまた一人での仕事に戻り、映画の哲学である『シネマ1・2』（一九八三／一九八五）を書きました。これも映画批評の歴史においてひじょうに重要なものです。とにかくドゥルーズの著作はどれひとつをとっても、各分野で重要な位置を占める文献になっています。

ドゥルーズは長年、肺の障害で苦しんでおり、最後は呼吸器をつけて寝たきりの状態になっていました。息苦しさから解放されるためだったのか、一九九五年、自分で呼吸器を外し、傍らの窓から飛び下りて亡くなりました。

入門書の紹介ですが、まず、芳川泰久・堀千晶『ドゥルーズ キーワード89』（せりか書房）をパラパラ見て、気になる概念を見つけるのがいいでしょう。その上で、代表的な研究者のものを比較することをお勧めします。檜垣立哉『ドゥルーズ――解けない問いを生きる』（ちくま学芸文庫）、國分功一郎『ドゥルーズの哲学原理』（岩波現代全書）、宇野邦一『ドゥルーズ　流動の哲学』（講談社学術文庫）など。

僕がドゥルーズの本を初めて「読める！」と思ったのは、『ディアローグ』（一九七七）です。これは『千のプラトー』のダイジェストみたいな本で、後半は精神分析のややこしい話になるのですが、前半はひじょうにキャッチーで、「ドゥルーズ主義」がどういうものかわかると思います。

では、説明を始めます。
ドゥルーズの哲学と言ったとき、ひとつキーワードを最初に挙げるなら、やはり「差異」です。差異という言葉は硬い言葉ですし、日常的にはあまり使わないと思いますが、これを哲学の概念としてはっきり打ち出したのがドゥルーズなのです。

世界は差異でできている。

というのがドゥルーズが示した世界観です。
それは主著の『差異と反復』で論じられているのですが、この本はひじょうに抽象的で複雑な本で、準備なしに体当たりしてもほとんどわからないと思います。僕もたくさんの参考文献を読みながら何度もアタックして読み通し、同級生や先輩と議論をするなかでポイントをつかんできました。
まずは、**同一性よりも差異の方が先だ**、という考え方。重要なのは、大きな二項対立として同一性／差異という対立があることです。これに関する部分を、主著『差異と反復』から引用してみましょう。

同一性は最初のものではないということ、同一性はなるほど原理として存在するが、ただし二次的な原理として、生成した原理として存在するということ、要するに同一性は《異なるもの》の回りをまわっているということ、これこそが、差異にそれ本来の概念の可能性を開いてやるコペルニクス的転回の本性なのであって、この転回からすれば、差異は、あらかじめ同一的なものとして定立された概念一般の支配下にとどまっているわけがないのである。

（ドゥルーズ『差異と反復』上、財津理訳、河出文庫、二〇〇七年、一二一―一二二頁）

「同一性は最初のものではない」と言われています。同一性は「二次的」な位置に置かれるのです。でもそれは、事物が一瞬たりとも同一性を持たないというような、めちゃくちゃの状態を言っているのではありません。二次的にでも、同一性は「原理として存在する」のです。僕はこのことを「仮固定」という言い方で捉えています。

ヴァーチャルな関係の絡まり合い

たとえば、「私が自転車に乗る」という事態を考えてみましょう。

そこには「私」というひとつの存在と「自転車」というもうひとつの存在がある。大ざっぱには、「私が／自転車に乗る」というかたちで、「私」と「自転車」は主語‐目的語の関係として、二つの独立したものと捉えられることになります。

しかし、現実をよく考えてみると、「私」と「自転車」は複雑に絡み合っているのではないでしょうか。倒れないように、体のバランスは複雑に制御されています。右に傾けば左にバランスをとろうとしますし、道の状態などの環境も関わってきます。自分と自転車が独立したものとしてあるというより、ひとつのハイブリッドな、サイボーグ的に一体化したような状態になっていて、そこでは複雑で多方向的な関係性がさまざまにコントロールされ、「自転車に乗る」というプロセスが起こるわけです。そのプロセスの細かいところを我々は意識していません。意識のレベルでは、「私が自転車に乗る」という主語-目的語の関係でしか捉えていない。ところがそのなかでは、複雑な線がいたるところに伸びていて、関係の糸の絡まり合いのようになっている。それは意識下で処理されている。

このように、AとBという同一的なものが並んでいる次元のことを、ドゥルーズは「アクチュアル」(現働的)と呼びます。それに対して、その背後にあってうごめいている諸々の関係性の次元のことを「ヴァーチャル」(潜在的)と呼びます。我々が経験している世界は、通常は、A、B、C……という独立したものが現働的に存在していると認識しているわけですが、実はありとあらゆる方向に、すべてのものが複雑に絡まり合っているヴァーチャルな次元があって、それこそが世界の本当のあり方なのだ、というのがドゥルーズの世界観なのです。

アクチュアルな次元においては、Aとそれ以外の非Aという独立したものがあるわけですが、ヴァーチャルな次元ではAと非Aという対立が崩れ、すべてが関係の絡まり合いとして捉えられる。このような意味で、ものの存在をある同一性とそれ以外という対立関係から解放し、普遍的な接続可能性として捉えるところが、「はじめに」で予告した「存在の脱構築」の核心です。

一見バラバラに存在しているものでも実は背後では見えない糸によって絡み合っている——という世界観は、一九六〇—七〇年代に世界中に広がっていった世界観だと思いますが、これを哲学的に最もはっきり提示したのがドゥルーズだと言えると思います。ドゥルーズには他にも論点が多数ありますが、まずはこうしたイメージで十分でしょう。

すべてが絡み合っているというのは、仏教の縁起《えんぎ》説にも似ているし、スピリチュアルみたいに思うかもしれません。しかし、べつにトンデモというわけではなく、量子力学でも、離れた物質の絡み合いを認めているし（エンタングルメントと言います）、現代の科学的世界像にも関わることだと思います。

すべての同一性は仮固定である

一般的に差異というと、Aというひとつの同一性が固まったものと、Bというまた別の同一性が固まったもののあいだの差異、つまり「二つの同一性のあいだの差異」を意味することが多いと思いますが、ドゥルーズはそうではなく、**そもそもA、Bという同一性よりも手前においてさまざまな方向に多種多様なシーソーが揺れ動いている**、とでも言うか、いたるところにバランスの変動がある、という微細で多様なダイナミズムのことを差異と呼んでいるのです。世界は、無数の多種多様なシーソーである。

一方、同一的だと思われているものは、永遠不変にひとつに固まっているのではなく、諸関係のなかで一時的にそのかたちをとっている、という捉え方になります。先ほども言ったように、このことを僕は「仮固定」と呼んでいます。ちなみにドゥルーズ自身はそのことを「準安定状態」と呼びます（これは科学の用語で、これを哲学に応用したのはジルベール・シモンドンという哲学者であり、ドゥルーズはその議論を参照している）。同一性を、準安定状態＝仮固定として捉え直すのです。

生物のことを考えるとわかりやすいでしょう。一人の人間、たとえば僕自身の同一性といっても、それは開かれたものであって、絶えず身体は変化しているし、細菌などの他者によって住まわれており、生命プロセスのさまざまなバランスによって一定の姿かたちをかろうじて維持しています。そのバランスが崩れてしまうと、病気になったり死んでしまったりする。というか、純粋な「健康」というのはありません。身体はつねに多少病んでいるし、生と死は混じっていると見るべきなのです。あるいは、ひじょうに大きなタイムスケールをとってみれば、たとえばエジプトのピラミッドだっていつかは崩壊するわけで、地球の重力やさまざまな気候条件との無数のシーソーゲームのなかであのかたちが仮固定されているわけです。

プロセスはつねに途中である

重要な前提は、**世界は時間的であって、すべては運動のただなかにある**ということです。ものを概念的に、抽象的に、まるで永遠に存在するかのように取り扱うことはおかしいというか、リアルではありません。リアルにものを考えるというのは、すべては運動のなかに、そして変化のなかにあると考えることです。

こうしてまたキーワードが出てきます。「生成変化」と「出来事」です。

生成変化は、英語ではビカミング（becoming)、フランス語ではドゥヴニール（devenir）です。この動詞は、何かに「なる」という意味です。ドゥルーズによれば、**あらゆる事物は、異なる状態に「なる」途中である**。事物は、多方向の差異「化」のプロセスそのものとして存在しているのです。事物は時間的であり、だから変化していくのであり、その意味で**一人の人間もエジプトのピラミッドも「出来事」**なのです。プロセスはつねに途中であって、決定的な始まりも終わりもありません。

世界をこのように捉えるとどうなるか。たとえば、我々は仕事を始めるのがダルいなあとか、仕事を終わらせるのが大変だというようなことを日々思うわけですが、**すべては途中だし、本当の始まりや本当の終わりはない**のだと考えることができます。こう言うと、何やらビジネス自己啓発的に応用できる気がしてきませんか？

実際僕は、ある時期からこの考え方を応用しています。原稿を書かなければならないとき、「よいしょ」と重い腰を上げて気合いを入れて作業するのは大変なので、とりあえずパソコンを開いて、ツイッターを見て、その流れでメールを見て、ひとつ返事でもするみたいな感じで、ハードルが低いことから始めてみます。そうすると、何かが流れ出すというか、プロセスが始まります。そのついでにちょっと思いついたことをメモしたりするのですが、そのメモをもう原稿の一部にしてしまってよいと考えるのです。つまり、「ここから本格的に書き始めたぞ」という始まりをちゃんと設定しなければならないという規範意識を捨て、なんとなくついでに取りかかって書いてしまったものを、もうそれで本番として捉えてＯＫなんだ、と考えるのです。そうしているうちに、なんとなく思いついたことをただ書いていけば、文章になるのです。

結果、最後の仕上げも、究極の完成形を目指さなくてよくなります。どこまで行ったってプロセスなんですから、それをある程度のところで「まあいいや」と終わりにする。このようなことを『ライティングの哲学――書けない悩みのための執筆論』（星海社新書）という本で説明しました。

こういうことも実はドゥルーズの思想とつながっているのです。**すべては生成変化の途中であると考えたとき、すべてを「ついで」でこなしていくというライフハックになる。すべての仕事をついでにやる**――これがドゥルーズ的仕事術ですね。

家族の物語ではなく、多様な実践へ

以上が、おおよそのドゥルーズ入門です。まずはこのくらいの理解から始めてみてください。次にドゥルーズ＋ガタリについて説明したいと思います。

ドゥルーズ＋ガタリという二人組は、一九七二年に『アンチ・オイディプス』というひじょうに挑発的な精神分析批判の大著を書き、センセーションを巻き起こしました。これは後の章で説明しますが、フランス国内では精神分析の実践が、日本などとは違って、かなり強い力を持っていたという背景があったからこそです。日本では精神分析を受けるなんてまったくポピュラーではないので、実感が湧かないと思いますが。

精神分析とは、ごく大ざっぱに言うと、今の自分の人間関係のトラブルや不安の根源には幼少期の家族関係の問題があるのだという仮説を立て、自由連想で記憶を手繰っていくことで、かつての自分のなかにあるトラウマに向き合う、そうすると現在の問題が解消されるという実践です。「トラウマ」は、大変つらい事故に遭ったとか、被害を受けたとか、重大な場合に使われることが多いと思いますが、ここではすごく広く、「何らかの意味での心の引っかかり」くらいの意味でとってください。そういう意味でのトラウマを中心に、雪だるま式に心のなかの構築物が積み重なることによって、今の自分の心的傾向ができあがっているのだ、と考えるのが精神分析です。

それに対してドゥルーズ+ガタリが行った批判は、すごく簡単に言えば、人間の振る舞いはそんな小さい頃の家族のことだけで決まってるわけじゃない、ということです。**自分自身をごく狭い範囲=家族における同一性だけで考えるのはリアルじゃない**、というのです。

世界は多方向の関係性に開かれていて、しかもそれは変動しているはずであって、自分自身の心あるいは身体をそのような変動のなかにある仮固定のものと捉えるなら、昔からずっとあるトラウマを想起するなんてそもそもおかしな話ではないか。むしろそれは、そのような基準点があると仮説を立てて、そこに向けて自分自身を固めていくような運動で、自分をむしろ硬直化させて治ったような気にさせるまやかしの技法だ、と。

これに関しては、第五章でピエール・ルジャンドルという思想家を取り上げるときに述べますが、人間と動物の違いという話につながってきます。動物は本能的にとれる行動のバリエーションがかなり定まっていて、何を食べるかが決まっている種もあるし、繁殖期も決まっているわけです。ところが人間は、脳神経が過剰に発達しているので、本能から自由に、より多様な行動がとれるように進化してしまった。そしてその自由度に対して何らかの制約を加えないと、何をしていいかわからなくなってしまうのです。これが人間がさまざまなレベルで感じる不安の根源です。僕は精神分析をベースに、人間をこのように捉えています。

だから、自己啓発的なアドバイスには、人間にある種の決めつけを提供することで安心させるものが多いのではないでしょうか。「ああではなくこういう生き方をしなさい」と言われると人は安心する。ところがそれは長く効力を持たないので、またその手のアドバイスが必要になる。そうであるがゆえに、自己啓発本は似たようなものがたくさん刊行されているわけです。「朝五時に起きると得をする」とか、「ノートをマメにとるようにすると人生に開眼する」とか、行動を規定する。だけどそれは早晩効果が切れてしまうので、また別の本を買わなければいけなくなる。

精神分析はそうした自己啓発よりもずっと深く無意識に介入する実践ですが、その精神分析にしても、家族を中心とした物語によって、決めつけ的に——言葉は悪いですが——自己の安定化をはかるものと言える面があります。ドゥルーズ＋ガタリはそれを批判したのです。これと類似した仕方でフーコーも精神分析に対して距離をとりました。

ドゥルーズ＋ガタリの思想は、外から半ば強制的に与えられるモデルに身を預けるのではなく、**多様な関係のなかでいろんなチャレンジをして自分で準安定状態を作り出していけ**、ということだと言えるでしょう。

これはなかなか厳しい要求です。難しいことだと思います。ドゥルーズ＋ガタリが考えているのは、ある種の芸術的、準芸術的な実践です。自分自身の生活のなかで独自の居場所となるような、自分独自の安定性を確保するための活動をいろいろ作り出していこう、と。絵を描くのでもいいし、観葉植物を育てるのでもいいし、社会活動に取り組むのでもいい。そういう新しい活動をさまざまに組織化することで人生を準安定化させていけばよいのであって、**「本当の自分のあり方」を探求する必要なんてないのだ、だからいろんなことをやろうじゃないか、いろんなことをやっているうちにどうにかなるよ**、というわけです。ドゥルーズ＋ガタリの思想は、そのように楽観的で、人を行動へと後押ししてくれる思想なんです。

ダブルで考える

ただ、ここで千葉流に多少ツッコミを入れておくと、やっぱり私たち現代人は、近代から続いている社会システムのなかで生きていて、とくにそのなかでも家族というのは強い意味を持っています。しばしば「毒親」問題が言われるし、幼少期の虐待の問題などもある。そういう意味では、自分の家族関係をそう軽く見ることはできないと思います。

僕自身は、精神分析的な家族関係の解きほぐしが無意味だとは思いません。ただ、それだけですべてが解決する、そこにすべてが集約されているともまたドゥルージアンとしては思いません。ここはダブルで考えていて、まず家族関係の分析は、それはそれでやったらいい。と同時に、そこにすべてを集約させないで、より多様な関係性に自分を開いていくのです。それはつまり、自分が小さい頃にどんなものを外で見てきたか、どんな人間関係が家族の外に広がっていたか、といったことです。たとえば僕の小さい頃はファミコンが初めて登場した時代ですが、そうしたゲーム的世界観が広がっていったことは、精神形成上すごく重要な意味を持っていたりします。そのことと家族関係の問題はどちらも重要なことだと思うのです。

僕の『勉強の哲学——来たるべきバカのために』(文春文庫)の第三章では、「欲望年表」をつくろうと書いています。自分の好きだったものとか、影響を受けたものとか、気になったことなどを年表にすることで、自分の人生の文脈を自覚してみようという試みです。これは精神分析とドゥルーズ＋ガタリをミックスした考え方の実践のひとつです。

このように、『アンチ・オイディプス』という著作は、今でも心のトラブルを考えるときに示唆を与えてくれるものです。もちろんこれだけで解決するとは思いませんし、思わない方がよいのですが。

たとえばひどい抑うつ状態になったときには、病院での薬物療法が効果を持ちます。だけれど、そこからもう一度、生き生きした生活を取り戻していく際には、こうしたドゥルーズ＋ガタリ的な、自分を多様な活動に開いていくという思想は役に立つのではないでしょうか。たとえば、坂口恭平さんの『自分の薬をつくる』（晶文社）という本はまさにそういう思想を体現しているものです。うつ状態になったときに「何か活動しよう！」と無理に頑張るとよくないので、そこは注意する必要があると思いますが、こうじゃなきゃいけないんだという枠組みが息苦しくさせているのであって、その外側にもっと別の活動の可能性があるかもしれない、ということを念頭に置くことは、きっと助けになると思います。

「すぎない」ことの必要性

その後ドゥルーズ＋ガタリは『千のプラトー』という本を一九八〇年に刊行します。精神分析批判よりもさらに先へ進んで、世界全体をより解放的なものとして捉えるための新たな考え方や概念を提示している本です。

その最初に置かれている章が「リゾーム」です。リゾームとは、本章の冒頭で言ったように、多方向に広がっていく中心のない関係性のことです。そして重要なのは、**リゾームはあちこちに広がっていくと同時に、あちこちで途切れることもある**、と言われていることです。**それを「非意味的切断」と言います**。つまり、すべてがつながり合うと同時に、すべてが無関係でもありうる、と。

一見矛盾するように感じられるかと思いますが、ここがドゥルーズ＋ガタリのミソなんです。ここをどう捉えるかは読み方にもよると思うのですが、ここを僕の『動きすぎてはいけない――ジル・ドゥルーズと生成変化の哲学』（河出文庫）では重視し、「すべてが関係している」という発想は、ややもすると「すべてのことに責任をとらなければならない」という重苦しい発想につながっていくけれど、そうではなく、ドゥルーズ＋ガタリは根本的に、すなわち存在論的な意味で「無関係性」を肯定しており、それは根本的な存在の「無責任」を意味しているのだ、としました。

こういうふうに無責任の重要性なんて言うと、そんなことがなぜ重要なのかわからないという批判があるかもしれませんが、たとえば誰かを介護しなければいけないとして、そのときその人に自分の全生活を捧げてしまったら、介護者は生きていけなくなってしまいます。あるいは、介護される側からしても、援助は必要だけれど、それが過剰になると監視されていると感じるようになってしまいます。たとえ人間関係においてつながりが必要だとしても、そこには一定の距離、より強く言えば、無関係性がなければ、我々は互いの自律性を維持できないのです。つまり、無関係性こそが存在の自律性を可能にしているのです。関わる必要があっても、関わりすぎないという按配が問われるわけです。

見捨てられ、不幸な目に遭っている人たちが多いという社会批判的な認識から、より関わりが必要だということが言われるのは、その通りだと思います。だけれど、**関わりばかりを言いすぎると、それによって監視や支配に転化してしまうという危険性があって、それに対するバランスとして、関わりすぎないということを言う必要もある**、というのが僕がドゥルーズから引き出している重要なテーマなのです。

ただ、この「関わりすぎない」というのを「関わらなくてよい」ととってしまうと、社会が冷淡なものになってしまう。それは僕が言いたいことではありません。むしろ、より温かい社会を目指すからこそ、「すぎない」ことが必要とされるのだ、というのが僕が言いたいことなのです。

ノマドのデタッチメント

ドゥルーズおよびドゥルーズ＋ガタリでは、**ひとつの求心的な全体性から逃れる自由な関係**を言う場面がいろいろあって、自由な関係が増殖するのがクリエイティブであると言うのと同時に、その関係は自由であるからこそ全体化されず、つねに断片的でつくり替え可能であるということが強調されます。もしそれが全体化されてしまうと、新たな「内」をつくり出すことになってしまうからです。**全体性から逃れていく動きは「逃走線」と呼ばれます。**

大きく言って、『千のプラトー』では、求心的な全体性は「国家」に対応し、その外部に「ノマド」（遊牧民）の世界が広がっているという世界史のひとつのビジョンが提示されます。ノマドのことは「戦争機械」とも呼ばれます。

（……）戦争機械は遊牧民の発明したものだった。なぜなら、戦争機械はその本質において、平滑空間の構成要素であり、したがって、この空間の占拠、この空間での移動、またこの空間に対応する人間の編成の構成要素であるからである。このことこそ、戦争機械の唯一の真の積極的目標（ノモス）である。すなわち砂漠や草原を増大させることであって、そこに人が住めなくすることではまったくない。戦争機械から戦争が必然的に導かれるのは、戦争機械はそれ自身の積極的目標に対立する（条里化の）勢力としての国家と都市に衝突するからである。いったん衝突してからは戦争機械は国家と都市、国家的都市的現象を敵と見なし、それらの撃滅を目標にする。まさにこのとき戦争機械は戦争となって、国家の力を撃滅させ、国家形式を破壊しようとする。アッチラやチンギス・ハーンの冒険は積極的目標と消極的目標のこうした継起を見事に示している。

（ドゥルーズ＋ガタリ『千のプラトー』下、宇野邦一ほか訳、河出文庫、二〇一〇年、一三九頁）

ノマドは、自由に放っておかれたいからこそ、それを取り込んで組織化しようとする国家的・領土的力に対しては、激烈な攻撃性で対抗する。ここが面白いところです。自由に生きるということにはそのような攻撃性が含まれていて、秩序に従わないで外で怪しい関係をつくっているやつら、というようなイメージがあるのです。戦争機械たるノマドは不良的、ヤンキー的なものです。しかし、よく言われるようにヤンキーや暴走族には強固な上下関係があって、それは「ミニ国家」でしかありません。ドゥルーズ＋ガタリの戦争機械論においてはそれよりもっと流動的な群れがイメージされている。

九〇年代には、インターネットがそういう解放的な人間関係を可能にするという理想論がありました。ですが結局、その後のネット社会は、道徳の小競り合いばかりになってしまった。それは戦争機械的であるよりはミニ国家的なものです。

むしろ**重要なのは、そういう価値観の争いからデタッチ＝遊離して、だけれども互いに対する気遣いを持ち、しかもその気遣いが他者の管理にならないようにする、というひじょうに難しい按配を維持できるかどうか**です。

そのようなデタッチメント＝遊離の態度をとると、今日ではしばしば「冷笑系」などと言われてしまいますが、しかしそれは状況に対してただ俯瞰的に冷笑しているのではなく、関係するのだが関係しすぎないという対人援助のバランスと同じ意味で真剣に他者との共存を考えるならば、必要な距離のとり方だということになるはずです。そしてそのような距離のとり方を否定する動きに対しては、強い抵抗をせざるをえないのです。

管理社会批判

既成の秩序の外に広がる関係性がクリエイティブだというポジティブなメッセージがある一方で、それが新たな管理体制に転化しないように、というところにもドゥルーズの強調点がありました。

そのことがはっきりわかるのが、晩年のドゥルーズの管理社会論です。『記号と事件』（一九九〇）に収録されている「管理と生成変化」という、イタリアの左翼思想家アントニオ・ネグリによるインタビューがそれです。ネグリは、コミュニケーション社会によって新たなコミュニズムを考える可能性について尋ねるのですが、ドゥルーズは悲観的です。ドゥルーズによれば、コミュニケーションは金銭に毒され、腐りきっている。そしてむしろ必要なのは「非＝コミュニケーションの空洞」や「断続器」だと言うのです。

さきほどの御質問は、管理社会やコミュニケーション社会の時代になると、新たな抵抗の形態が生まれるのではないか、そうなれば、「自由な個人による横断的な組織」として構想されたコミュニズムが実現する可能性も出てくるだろう、というものでした。どうでしょうか。あるいはおっしゃるとおりになるのかもしれません。しかしそのこと、マイノリティが発言しはじめる可能性とは無関係なのではないでしょうか。言論も、コミュニケーションも、すでに腐りきっているかもしれないのです。言論とコミュニケーションはすみずみまで金銭に侵食されている。しかも偶然そうなったのではなく、もともと金銭に毒されていたのです。だから言論の方向転換が必要なのです。創造するということは、これまでも常にコミュニケーションとは異なる活動でした。そこで重要になってくるのは、非＝コミュニケーションの空洞や、断続器をつくりあげ、管理からの逃走をこころみることだろうと思います。

（ドゥルーズ『記号と事件』宮林寛訳、河出文庫、二〇〇七年、三五二頁）

この箇所はまさに今日の事態を予言していると思います。まさしくツイッターの話じゃないですか！　確かにインターネットによって人々が多様な声を上げられるようになりました。たとえば「権力者がこんなズルいことをした」とか、「有名人がこんな失言をした」とか、そういうニュースが流れると、みんなが怒りの声を上げるわけですが、結局それはメディアの商売になってしまう。つまり、人々は道徳感情によってひじょうに強く刺激されるので、そこを刺激すればメディアは簡単に商売ができる。まさにコミュニケーションは金銭に毒されきっているわけです。

そこで必要なのは、そのような一見したところの正しさで人々を釣るようなビジネスに巻き込まれず、理性的に社会の問題に向き合うことだと思います。そのためにドゥルーズはむしろ非‐コミュニケーションが必要だと言ったわけです。

接続と切断のバランス

だけれども一方でドゥルーズにはリゾームの思想がある。ということは、クリエイティブな関係性を広げながら、なおかつ非‐コミュニケーションが必要だという主張をしてい

る、ということになります。これは矛盾しているようですが、しかしその二つの命題が理想的に両立することは当然ないわけで、それはケース・バイ・ケースでバランスをつねに変動させていくしかない、ということになると思います。あるときは関係性を広げ、あるときは関係性を抑制し、といったことです。

まさにこれは、**一人の人間にどう関わればそれが必要な愛になり支配にならないかというケース・バイ・ケースの判断が問われる**ということに他なりません。そしてそれこそが本当に人間に対して、あるいは人間以外のあらゆる存在者に対して、真剣に向き合うということ、具体性に真剣に向き合うということだと思います。あらかじめ「これが最も正しい関係性のあり方だ」という答えが決まっているわけではありません。すべての関係性は生成変化の途上にあるのです。

そういう意味で、接続と切断のバランスをケース・バイ・ケースで判断するという、一見とても当たり前で世俗的な問題が、ドゥルーズにおいては真剣に、世界とあるいは存在とどう向き合うかという根本問題として問われているのです。

第三章　フーコー——社会の脱構築

権力の二項対立的図式を揺さぶる

脱構築をキーワードとしてデリダ、ドゥルーズ、フーコーの三人を取り上げるということでここまでやってきましたが、本章で三人目です。哲学者・歴史家であるミシェル・フーコー（一九二六～一九八四）は、いわば「社会の脱構築」を行ったと言えます。

確認ですが、本書においては、デリダに「概念の脱構築」、ドゥルーズに「存在の脱構築」を見て、最後のフーコーが「社会の脱構築」なのでした。

脱構築とは「二項対立を揺さぶる」ことですが、それが社会においてどういう問題になるのか。フーコーは、「権力」の分析を展開しました。他にも主題がありますが、権力論として扱うのが初心者には入りやすいので、そうしてみようと思います。

権力と聞いて、どういうイメージでしょうか？

普通、権力というと、王様のような強い権力者・支配者がいて、それに弱い人民が抑圧され支配されているという一方的、非対称な関係がイメージされるでしょう。強いやつに抑えつけられていて、黙っているしかないとか、それに抵抗するとか、そういう二項対立的構図です。この二項対立では、支配者の方に能動が、被支配者の方に受動が割り振られています。

我々の多くは被支配者の立場にあるわけですが、その受け身の立場から、自分たちを支配する能動の立場を「悪いやつら」として括り、それと闘うんだという明快な構図が描けます。弱い者を守るヒーローが出現して悪と闘うというイメージですね。こういうイメージは子供っぽいものですが、一般に政治批判や社会運動について抱かれているものではないでしょうか。ヒーローもののようなイメージが権力の二項対立的図式だということなのですが、フーコーはそれを揺さぶるのです。

それを揺さぶるとはどういうことか。**支配を受けている我々は、実はただ受け身なのではなく、むしろ「支配されることを積極的に望んでしまう」ような構造があるということ**を明らかにするのです。

そう言うと、「いや、そんなことはない。自分は望まずに支配されているんだ」と意識的には思うかもしれませんが、実は意識しにくいレベルで、自分で自分のことを長いものに巻かれるように「自己従順化」するような仕組みが世の中には蔓延しているのです。

つまり、**権力は、上から押しつけられるだけではなく、下からそれを支える構造もあって、本当の悪玉を見つけるという発想自体が間違いなんです。**権力は上と下が絡まり合いながら複雑な循環構造として作用している。『性の歴史Ⅰ　知への意志』の第四章、その初めのところは、こうした権力論の比較的わかりやすい要約になっています。

権力は下から来るということ。すなわち、権力の関係の原理には、一般的な母型として、支配する者と支配される者という二項的かつ総体的な対立はない。その二項対立が上から下へ、ますます局限された集団へと及んで、ついに社会体の深部にまで至るといった運動もないのである。むしろ次のように想定すべきなのだ、すなわち生産の機関、家族、局限された集団、諸制度の中で形成され作動する多様な力関係は、社会体の総体を貫く断層の広大な効果に対して支えとなっているのだと。

（ミシェル・フーコー『性の歴史Ⅰ　知への意志』渡辺守章訳、新潮社、一九八六年、一二一―一二二頁）

ひとことで言えば、権力とは「無数の力関係」なのです（同書、一一九頁）。

こんなふうに言うとさっそく、「闘うべき悪を名指すことが難しくなる。立ち上がるべき人民にも悪いところがあるなんていう話になってしまうと、そもそも政治運動ができなくなってしまう。どっちにも悪いところがあるというような「どっちもどっち論」は、必要な闘いから目を逸らし、状況をただ俯瞰しているだけの「冷笑系」だ」などと批判されるかもしれません。先ほど述べたようなフーコー的視点に対し、そういう反応が向けられることが増えてきた気がします。

しかしそれは誤っていると思います。そういう抵抗運動が実は大きな権力構造の手のひらの上で踊らされている、ということもありうるからです。重要なのは、いったいどのような権力の回路が作動しているかをクールに分析することです。これがフーコーから得られる教えです。

ところで、支配する者／される者が相互依存的になっているのだとしたら、フーコーはそういう構造の外に逃れることはできない、とでも言いたいのでしょうか？

そうではありません。フーコーの思想につねにあるのは、権力構造、あるいはフーコーの言葉で言うと、「統治」のシステムの外を考えるという意識です。ドゥルーズの用語で言えば、秩序の外部への「逃走線」を引くということがフーコーの狙いなんです。

ここでは、単なる二項対立的構図での抵抗運動では、逃走線を引くことになるどころかむしろシステムに囚われたままになる、という穿った見方をしているところがポイントです。本当の逃走線は難しいのです。**逃走線を引けないのではなくて、あなたたちが思っているより一段難しいのだ**、というのがフーコーのメッセージなんです。

ここで、フーコーの著作をざっと紹介しておきましょう。

博士論文をベースにした『狂気の歴史』（一九六一）が最初の重要な著作で、その後、一九六〇年代半ばの『言葉と物』（一九六六）はフランスで大変話題になりました。こんな難解な本が売れるのがフランスという国のすごいところであり、六〇年代という時代のすごいところでもあります。方法論的な本である『知の考古学』（一九六九）も、そのタイトルのカッコよさもあって有名ですが、とくに難解な本なので今回は触れません。

初心者が取り組みやすいのは『監獄の誕生』（一九七五）でしょう。これは具体的に権力の歴史を論じた本です。そして『性の歴史Ⅰ　知への意志』（一九七六）は、世界中でセクシュアリティの研究に巨大なインパクトを与えます。その七〇―八〇年代の時期にフーコーはコレージュ・ド・フランスという場所で講義を行い、その講義録が刊行されています。『性の歴史Ⅱ　快楽の活用』（一九八四）、『性の歴史Ⅲ　自己への配慮』（一九八四）を出したその年、予定されていた第四巻は出せないまま、フーコーはＡＩＤＳで亡くなってしまいます。

その『性の歴史Ⅳ　肉の告白』（二〇一八）は実際には校正の段階まで来ていて、死後出版は禁じられていたのですが、最近になって権利継承者の許可により出版され、翻訳もされました。本書では、その『性の歴史Ⅳ』によって明らかになったことを考慮した解説を行います。

入門書は、慎改康之『ミシェル・フーコー――自己から脱け出すための哲学』（岩波新書）がまずお勧めです。コンパクトな本ですが、初期から後期までバランスよく説明されています。

「正常」と「異常」の脱構築

さて、最初の『狂気の歴史』でなされているのは、すごくラフに言うと、「正常」と「異常」の脱構築です。

これが正常でこれが異常という分割線は、どういう文脈で見るかによって違い、それはつねにつくられたものです。その背後には政治的な事情があります。というのは、**「正常なもの」というのは基本的には多数派、マジョリティのことであって、社会で中心的な位置を占めているものです。それに対して、厄介なもの、邪魔なものが「異常」だと取りまとめられるのです。**その存在が取り扱いにくいと、社会的にマイナスのラベリングがされて、差別される。逆に、寛大な処遇として、それを社会に「包摂」する場合でも、マジョリティの価値観に寄せてそうすることになります。

『狂気の歴史』のタイトルに含まれる「狂気」は強い言葉に聞こえるかもしれません。しかし、昔のそれはひじょうに意味が広く、多種多様な逸脱行動を含めて言われていました。とにかく何か人々がマズいと思うもの、ヤバいと思うものを括った概念です。

フーコーは、「正しい側」と「おかしい側」に括られ、その二つの括りが複雑なもたれ合いをしている状態を社会の基本構図として考えています。近代という時代は、その二項対立を強化した時代です。まあいろいろ変なことをする人はいるわけです。そういう人たちを括って病院や刑務所に閉じ込めたりしないで、普通に共存しているという状態、それこそをフーコーは社会の本来のデフォルトとして考えています。そして、近代以後、世の中がいかにそういう状態でなくなっていくかを考えるのです。

現代ならば、発達障害を考えるとわかりやすいでしょう。昔だったら「風変わりな子」とか「こだわりがある子」と思われていた人たちが、「コミュニケーションの障害がある」、「人の心をうまく先読みできない」などと捉えられるようになりました。つまり、マジョリティの社会のなかでうまくサバイブできないと価値づけされ、括られるわけです。

そうなって初めて、受けられるべきケアが受けられるようになったのだからよかったと多くの人は思うのかもしれませんが、しかしそれは、主流派の世界のなかで主流派のやり方に合わせて生きていくことが前提になっている。ここに注意するべきです。マジョリティとは異質な人をマイナスに見る価値観が前提になっているのに、マジョリティに合わせるためのケアが受けられてよかったねというのは倫理的におかしい気がしませんか？　現に社会には規範があるのだから、適応のためのサポートは事実上必要と言わざるをえないにせよ、もっと多様にバラバラに生きて構わないのだったら、発達障害と言われる状態はそんなに問題視するものだろうかとも思えないでしょうか。

このように、今日不利だとされるカテゴリーが不利なのは、そもそも有利なカテゴリーが前提としてあるからです。こういう構造について批判する道具を、フーコーは与えてくれます。

フーコーの見立てによれば、一七世紀中頃に監獄というシステムができて、犯罪者の隔離が始まるのですが、その時期に、狂気の隔離も起こり始めたというのです。それ以前は、言ってみればもっとワイルドな、ワチャワチャした世界でした。その後、監獄あるいは監獄的な空間——病院などの施設のことです——にノイズを集約することによって、主流派世界をクリーン化していくことになった。

こういうクリーン化こそ、まさに近代化と言うべきものです。

そして近代化には、ある意味、隔離よりも重要な側面があります。古い時代には隔離していた者たちを、だんだんと、「治療」して社会のなかに戻す動きが出てきます。しかし、それは人に優しい世の中に変わったということなのかといったら、そんなことはありません。フーコー的観点からすると、統治がより巧妙になったと捉えるべきなんです。つまり、ただ排除しておくのだったらコストがかかるばかりだけれど、そういう人たちを主流派の価値観で洗脳し、多少でも役立つ人間に変化させることができるのであれば、統治する側からすればより都合がいいわけですから。

こういうかたちで、**統治は人に優しくなっていくようでいて、より強まっていく**のです。そんなふうに言うと、なんて意地悪な見方なんだと思うかもしれませんが、フーコーから得られるのはこういう見方なんです。

その上で、フーコーには、正常と異常がはっきり区別されないで、曖昧に互いに対して寛容であるような状態をよしとするような、そういう価値観が全体的にあると捉えたらよいと思います。

権力の三つのあり方

次に、フーコーにおける権力の三つのあり方を整理しましょう。まず王様がいた時代、そこから近代へ、そして現代へ、という展開です。おおよそこの三段階で考えるのですが、この話は『監獄の誕生』と『性の歴史Ⅰ』を併せることで成立します。

フーコーは、近代化の最も重要な時期を一七―一八世紀に置いているのですが、その変化の前は、王権の時代です。その時代の権力のあり方は、たとえば何か悪いことをすると広場で残酷な刑罰を与えて見世物にしたりするものでした。日本だったら、市中引き回しでさらし首なんてありましたよね。そういう感じで見せしめにして脅すのがメインだったのです。何かやらかすとこういう目に遭うぞ、それだけ王様というのはすごいんだぞ、というわけです。

ただ、逆に言えば、バレなきゃいいわけです。何かやらかして見つかってしまった場合は罰せられるというわけで、対処がアドホック（その都度）なわけだから、逆に、見えないところにさまざまな逸脱の可能性が広がっていたとも言えるのです。

規律訓練——自己監視する心の誕生

それに対して、一七—一八世紀を通して成立していく権力のあり方を、フーコーは「規律訓練」（ディシプリン discipline）と呼びます。もっと柔らかい日本語だと「しつけ」ですね。これは簡単に言うと、**誰に見られていなくても自分で進んで悪いことをしないように心がける人々をつくり出すこと**です。しつけってそういうものですよね。

フーコーは規律訓練を、「パノプティコン」という監獄のシステムを例として説明しました。この監獄はベンサムというイギリスの哲学者が考えたものです〔**図**〕。

囚人が入れられる独房が並んだドーナッツ状の建物があって、その真ん中の穴のところに塔が建っている。塔には監視室があり、そこからぐるりと見渡すように円周のすべての独房を監視できるようになっている。これがパノプティコン、「一望監視」ができる監獄です。

一方、独房の方からは、塔に看守がいるかは十分確認できないようにされている（窓に鎧戸をつけ、内部に仕切りを設けたりすることで）。つまり、**囚人は自分が監視されているかどうかを確かめられない。そしてそのためにかえって、つねに監視されているという意識を植えつけられることになるのです。**

このシステムがすごいのは、塔に実は誰もいなくても、囚人にはそのことがわからないというところです。ここで脱獄を考えるとしても、もし看守が見ていたら処罰されることになるからと、行動を控えることになる。しかし実際にはいないかもしれない。そうすると、監視されていなくても、**自分で自分のことを自己監視する**という状態に置かれることになるわけです。

これをモデルとして、近代のさまざまな制度——学校、軍隊、病院、家族など——におけるしつけを一般的に捉えることができるようになります。つまり、昔は王様の強烈な存在感が重要だったわけですが、近代社会のポイントは、**支配者が不可視化される**ということです。そして逆に、人々はつねに監視されているかもしれないという不安を抱くことになる。今日的な言い方で言うと、人々が何に忖度しているのかわからないけど忖度しているという状態ですね。それによって天下泰平になる。これが近代です。こういう権力構造が今日までずっと続いているのです。少し長くなりますが、『監獄の誕生』から詳しい部分を引用しましょう。

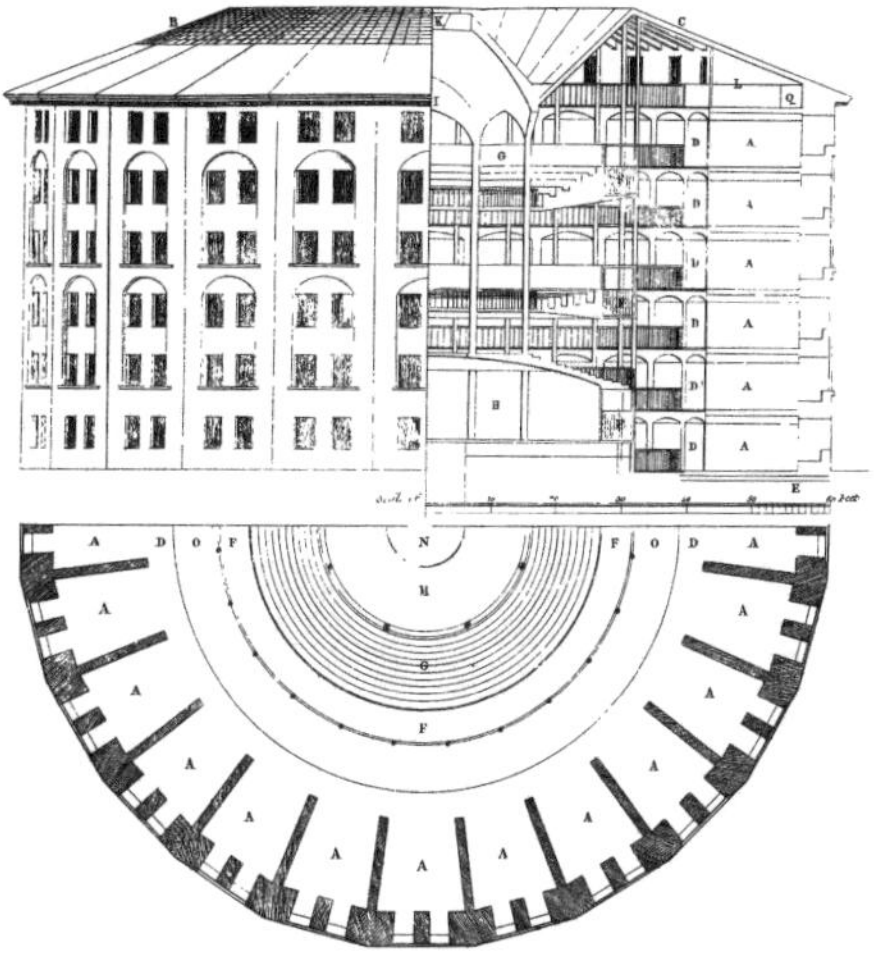

図　パノプティコン（『監獄の誕生』口絵）

今や各人は、然るべき場所におかれ、独房内に閉じ込められ、しかもそこでは監視者に正面から見られているが、独房の側面の壁のせいで同輩と接触をもつわけにはいかない。見られてはいても、こちらには見えないのであり、ある情報のための客体ではあっても、ある情報伝達をおこなう主体にはけっしてなれないのだ。中央の塔に向きあう自分の個室の配置によって、各人は中心部からの可視性を押しつけられるが、しかし円環状の建物の内部区分たる、きちんと分離された例の独房は側面での不可視性を予想させる。しかもその不可視性は秩序によって保証されるのである。で、閉じ込められる者が受刑者であっても、隠謀や集団脱獄の企てや将来の新しい犯罪計画や相互の悪い感化などが生じる懸念はない。病者を閉じ込めても感染の心配はなく、狂人の場合でも相互に狂暴になる危険はないし、子供の閉じ込めであっても、他人の宿題などをひき写す不正行為も、騒ぎも、おしゃべりも、浪費や放心も起こらない。労働者の場合でも、殴りあいも、盗みも、共同謀議も、仕事の遅れや不完全な仕上がりや偶発事故をまねく不注意も起こらない。密集せる多人数、多種多様な交換の場、互いに依存し共同するさまざまな個人、集団的な効果たる、こうした群衆が解消されて、そのかわりに、区分された個々人の集まりの効果が生じるわけである。看守の観点に立てば、そうした群衆にかわって、計算調査が可能で取締りやすい多様性が現われ、閉じ込められる者の観点に立てば、隔離され見つめられる孤立性が現われるのだ。

（フーコー『監獄の誕生——監視と処罰』田村俶訳、新潮社、一九七七年、二〇二—二〇三頁）

以上はパノプティコンの説明ですが、これは「一般化が可能な一つの作用モデル」として捉える必要があります（同書、二〇七頁）。すなわち、実際に閉じ込められていなくても、ある程度それに類する経験をすれば、こうした監視は内面化されるだろう、ということです。以上では、実際に独房にいて隣と接触できない状態について書かれていますが、重要なのは、そのような「孤立性」が、たとえ自由の身でも、近代的な精神のあり方として成立していくということです。どこかで見られているかもしれないからちゃんとしなければならないという「個人」の心がけが成立するのです。自分が何かをするとき、自分で自分を見張る。自分は何か悪いことをしようとしてるんじゃないか、何かやってしまうんじゃないかと行動の先取りをして、前もって自分を抑えるようになっていきます。

こうして、体が動くより前に踏みとどまる空間が自分のなかにできていく。だから近代的個人は、本当に監視者がいるかどうかがわからないのに、不正行為を、殴り合いを、共同謀議をしなくなるのです。自発的に「大人しく」なっていく。

これが個人的な心の発生だとも言えます。今日のプライバシー、個人的なものというのは、そういった自己抑制と共に成立したのです。

逆に言えば、それ以前の時代には、そういうふうに自分の行動を前もって管理するという力はもっと弱かっただろうと推測されるのです。つまり、人々はもっと行動的であって、マズいことをやらかしたら、その都度に罰せられるだけ、という面がもっと強かったのではないか。

しかし、キリスト教社会においては、自分の内心をどうするかという問題が昔からあったので、そのことと近代における規律訓練の成立はつながっています。実はフーコーは、『性の歴史Ⅳ　肉の告白』でそこまで遡った議論を展開しているのですが、ここでは簡単に触れるに留めます。とにかく、近代において、はっきりそういう自己抑制する心が成立するのですが、それ以前には人々はもっと行動的だったのではないか、というくらいに捉えてよいと思います。

生政治――即物的コントロールの強まり

個人に働きかける権力の技術が規律訓練ですが、他方で一八世紀を通して、もっと大規模に人々を集団、人口として扱うような統治が成立していきます。こちらの側面をフーコーは「生政治」(bio-politics)と呼びます。生政治については『性の歴史Ⅰ』で説明されています。**生政治は内面の問題ではなく、もっと即物的なレベルで機能するものです。たとえば病気の発生率をどう抑えるかとか、出生率をどうするかとか、人口密度を考えて都市をどのように設計するかとか、そういうレベルで人々に働きかける統治の仕方です。**

新型コロナ問題を例にしてみると、「感染拡大を抑えるために、出歩くのを控えましょう」といった心がけを訴えるのが規律訓練で、「そうは言ったって出歩くやつはいるんだから、とにかく物理的に病気が悪くならないようにするために、ワクチン接種をできるかぎり一律にやろう」というのが生政治です。

世の中にはワクチン反対派もいて、それを批判する人もいますが、しかし反対派にも一理あるのです。どういうことか。ワクチン政策は生政治であって、人々が自分の人生をどう意味づけるかにかかわらず、一方的にただ生き物としてだけ扱って、死なないようにするという権力行使です。ここで「死なないようにする」というのは、働いて税金を納めて国家という巨大なモンスターを生き延びさせていくための歯車にするという意味ですから、そういう統治に巻き込まれたくない＝自由でいたいという抵抗の気持ちが——無意識的に——そこにはあるのです。他方、「自粛なんぞ知らん、飲みに行くぞ」というのは、規律訓練に対する抵抗ということになります。

ですから、**近現代社会においては、規律訓練と生政治が両輪で動いている**と捉えてください。その上で、今日では、心の問題、あるいは意識の持ち方に訴えかけてもしょうがないので、ただもう即物的にコントロールするしかないのだという傾向がより強まっていると言えると思います。つまり、生政治の部分が強くなってきている。

たとえばタバコの問題にしても、「タバコは健康に悪い」と言ったって吸う人がいるなら、もう単純に吸える場所を減らしてしまえばよい、ということになる。これは即物的働きかけですから、生政治だと言えます。あるいは、心の問題に関しても、昔だったら、もっと話を聞くことが重視されていたところ、それでは時間もかかるし薬で解決すればよい、ということになっていく。「心から脳へ」という最近の精神医学の転換も、大きく言えば、生政治の強まりだととることができます。

これがおおよそフーコーの権力論の三段階です。そうすると皆さん、「良かれ」と思ってやっている心がけや社会政策が、いかに主流派の価値観を護持するための「長いものに巻かれろ」になっているかということに気づかざるをえないのではないでしょうか。そのようになんとも苦い思いをさせるのがフーコーの仕事なわけです。

そういう状況において、人生の自由とは何なのかというのはひじょうに難しい問題です。今説明したような統治技術をすべてなくしてしまうのが自由なのでしょうか？　雑多な人々がともに生きていく以上、関係の調整は必要で、ただ放っておくわけにはいきません。ただそこで何か調整が始まると、それがたちどころに規律訓練や生政治に変貌していくのです。おそらくいかなる権力関係もないユートピアは無理なのです。

人間の多様性を泳がせておく

このように、本章では、社会の脱構築ということで、悪い支配者がいるから闘うんだというヒーロー的図式で捉えるのでは単純すぎるということ、自分たちが知らず知らずのうちに統治を下支えする位置に置かれているということ、その自覚が重要だということをご理解いただけたかと思います。

フーコーは、かつてない深さで人間の多様性を論じたのです。

我々は二項対立で「これは正常」、「これは異常」と割り振ったり、あるいはさまざまに分類して秩序づけようとしたりします。しかし、**はっきりそれが何だかわからないような「ちょっと変わっている」とか「なんか個性的だ」というあり方を、ただそれだけで泳がせておくような倫理**があるのです。

人はものを管理するとスッキリして安心します。しかし、あまり机を片づけすぎない方がいいというアーティストの話に「はじめに」で触れました。机の上がある程度適当な方がクリエイティブになれるというわけでした。似たことが社会についても言えるのではないでしょうか。片づけをするとスッキリする。では、いわば「社会の片づけ」をしてもよいものでしょうか？　ここで倫理が問われているのです。

人間は他の動物とは違い、過剰さを持っています。本能的な行動をはみ出した行動の柔軟性を持ちます。だからこそ逸脱が生じるわけなのですが、それを可能な限り一定方向に整序して行動のパターンを減らすことで安心・安全な社会を実現していくというのは、言ってみれば人間が疑似的に動物に戻るということに他なりません。今日における社会のクリーン化は、人間の再動物化という面を持っているのです。

フーコーは、人間がその過剰さゆえに持ちうる多様性を整理しすぎずに、つまりちゃんとしようとしすぎずに泳がせておくような社会の余裕を言おうとしている。ドゥルーズの言う逃走線なるものを、具体的に社会のあり方として提示しているのです。

「新たなる古代人」になること

ここからはやや上級編の話をしてみます。

フーコーの大胆なところは、我々が今当然だと思っている「個人」というあり方は、歴史のなかでつくられた結果であって、そもそも「個人が個人であるとはどういうことか」自体が歴史のなかで変わってきたのだ、と考えるところです。

そう言われてもピンと来ないかもしれません。けっこう難しい話になります。

先ほどの話を振り返りながら言うと、近代以前には、ときによってはマズかったりOKだったりする行動がその都度取り締まられていたのが、「狂気」や「異常」や「倒錯」として取りまとめられ、あるいは、たとえば「同性愛者」というアイデンティティがつくられ、それが個人の特質にされていきました。そして個人が我が身をつねに監視してマズいことをしないようにする、異常なものに自分がならないようにするという心がけで自己統治していくことになる。そういうものとして近代的個人は成立したのです。つまり、自分は異常「者」なのではないかというアイデンティティの不安を抱くようになった。

それ以前にはもっと行動的な世界があって、自分のアイデンティティの問題というものが十分に成立していなかった、と考えてみてほしいのです。

近代において初めて、良いアイデンティティと悪いアイデンティティが成立した……そして、ここは理解が少し難しいところだと思うのですが、**アイデンティティなるものが成立するそのときに、良いアイデンティティと悪いアイデンティティという二項対立が同時に成立した**のです。それ以前の人間の人生はもっとバラバラだった。ただし、根本にはキリスト教的な、自分は罪を犯してしまうのではないかという反省性があり、それが後に近代において本格的に統治に利用されるようになっていくわけです。

フーコーによれば、性的なアイデンティティ、たとえば「同性愛者」というアイデンティティであるとか、自分をどういう性的欲望を持つ人格として捉えるかというのも、この近代化の過程で成立していきました。ですからそれ以前には、誇張して言えば、同性愛「者」はいなかった。同性愛行動はありましたが、それはまだアイデンティティではなかった。そして、性の逸脱を排除していく動きによって同性愛者というアイデンティティが成立したのだとしたら、今日のLGBTQ支持の運動は、そう単純なものではないということがわかるはずです。つまり、そもそも排除によって成立しているアイデンティティなのだから、そのことを単純には擁護できないはずなんです。むしろそれ以前の、良いアイデンティティも悪いアイデンティティも不成立だった時代の、多様な同性愛行動を肯定し直すということが何らかのかたちで伴わなければならないはずなんです。そうした近代批判が伴わなければ、たんに近代という構造をこじらせているだけになるかもしれない。

後期のフーコーは古代ギリシア・ローマへと向かいました。『性の歴史』の第一巻は近代論ですが、その後計画が変わり、第二巻・第三巻で古代の話をするという一見わかりにくい展開をとります。これは、**「つねに反省し続けなければならない主体」よりも前の段階に戻る**ということなのです。

かなりラフに言いますが、古代人だって「あれはマズかった」とか「あれはやりすぎだった」とか、反省はします。もちろん性に関しても、不倫も問題視されたし、同性との関係に対する問題視もありましたが、それは何か無限に続く罪のようなものではなく、その都度注意するものだったのです。**古代の世界はもっと有限的だった。自己との終わりなき闘いをするというよりは、その都度注意をし、適宜自分の人生をコントロールしていく。**

このことを、古代では「自己への配慮」と呼んでいました。

最近やっと出版された『性の歴史Ⅳ』でフーコーの考えていたことがようやくわかったのですが、その後それに決定的な転換をもたらしたのはキリスト教であり、とくにアウグスティヌスだったということなんです。フーコーいわく、アウグスティヌスは、聖書の原罪についての解釈をある種の心の問題として捉え直し、人間は、やってはいけないことをやってしまうかもしれないという闇を抱えているから、つねに自分で自分に注意していなければならない、という心の体制を打ち立てた人です。

ここで重要なのは、それ以前の古代においては、やってはいけないことは個別具体的なことであって、「やってはいけないこと」として大括りにはされていなかったということです。ケース・バイ・ケースだったんです。

ところが、その後キリスト教世界では、「やってはいけないこと」を大括りにする罪の概念が生まれます。人々はつねに罪責感を心に抱くことになりました。つまり、諸々のバラバラな行動がひとつに包まれ、そこに闇の部分がある、ということになるのです。こうして、原初的な意味での「個人」が成立し、その個人は闇を抱え込むということになったのです。これ以後、人間は個人化かつ心理化されました。そしてそれが長い時間を経て、近代の規律訓練的主体へと発展していく、というのがフーコーの歴史観です。

ただ、つねに同時に、人間にはただ個々具体的に行動的である面があって、どうもフーコーはそこに興味を向けているようなのです。それこそがよいと言っているとまでは言えないのですが、とにかく興味を向けていることは確かです。ここがフーコー解釈の難しいところです。

さらに応用的なことを言うと、個人の心のコントロールでは人をうまく統治できないので、即物的に管理すればよいだろうという世の中の大きな動きと、古代の、そもそも心の問題として自分を捉えていなかったということはちょっと似ているといえば似ています。ある意味、古代における「自己への配慮」も、即物的とも言えるからです。しかし何が違うかといえば、まさに即物的に人々を群れとして支配するのが近代以後の生政治であるのに対して、フーコーがどうもポジティブに捉えているらしい古代の「自己への配慮」は、あくまでも自己本位で罪責性には至らないような自己管理をするということなのです。

ここからは千葉流のフーコー読解になりますが、現代社会において大規模な生政治と、依然として続く心理的規律訓練がどちらも働いているのだとすると、ある種の「新たなる古代人」になるやり方として、**内面にあまりこだわりすぎず自分自身に対してマテリアルに関わりながら、しかしそれを大規模な生政治への抵抗としてそうする**、というやり方がありうるのだと思います。

それは新たに世俗的に生きることであり、日常生活のごく即物的な、しかし過剰ではないような個人的秩序づけを楽しみ、それを本位として、世間の規範からときにはみ出してしまっても、「それが自分の人生なのだから」と構わずにいるような、そういう世俗的自由だと思うのです。後期フーコーが見ていた独特の古代的あり方をそのようにポストモダン状況に対する逃走線として捉え直すこともできるのではないでしょうか。

というのは要するに、変に深く反省しすぎず、でも健康に気を遣うには遣って、その上で「別に飲みに行きたきゃ行けばいいじゃん」みたいなのが一番フーコー的なんだという話です。こういう世俗性こそがフーコーにおける「古代的」あり方なのです。

ここまでのまとめ

最初の三章が終わりました。これでデリダ、ドゥルーズ、フーコーのポイントはつかんだことになります。もし時間がなければ、ここでいったん閉じてもらっても大丈夫です。また気が向いたときに続きを読んでください。

まとめておきましょう。

①本書では、デリダの概念である「脱構築」をキーとして現代思想の大きなイメージを示しました。まず、前提として、思考の論理は「二項対立」で組み立てられています。真面目なもの／遊び、大人／子供、秩序／逸脱、健康／不健康……などが二項対立で、その一方をプラス、他方をマイナスとする価値観があり、通常はプラス側を支持するように何かが主張される。そのときに、**二項対立のむしろマイナスの側、劣位の側に味方できるようなロジックを考え、主張されている価値観に対抗する。そして対立の両側が互いに依存し合う、いわば「宙づり」の状態に持ち込む。そういう論法が「二項対立の脱構築」です。**デリダはそれを原理的に考えた哲学者で、デリダが行ったことは

「概念の脱構築」だ、というのが本書の整理なのでした。

というわけで、デリダを論じる第一章は原理編です。脱構築というのは思考術であり、論法だと思ってください。言葉で考えて議論するときのワザです。

②ドゥルーズは、「存在の脱構築」を行った哲学者です。ドゥルーズが提示するのは大きな世界観、あるいはもっと大きく言って「存在観」のようなもの。通常の認識では、AとBがバラバラに、区別されて存在すると捉えています。Bとは、Aではないもの＝非Aなので、区別されて存在するというのは、対立関係であると言えます。しかしドゥルーズの見方では、ものごとは実は、多方向に超複雑に関係し合っている。その関係性が「リゾーム」と呼ばれるのでした。つまり、A vs. 非Aという二項対立を超えて＝脱構築して関係し合っているということで、その意味で、リゾーム的に物事を見るのは「存在の脱構築」だと言えるのです。

そうすると、すべては関係している＝世界に無関係はない、ということになりそうですが、そこで改めて無関係が問題になる。AはBではない、という大ざっぱな無関係ではなく、リゾームのなかに多数の、多方向の無関係があるのです。あらゆるものが多方向に接続され、切断されているのです。この見方によって、AはAだ、BはBだ、という硬直化した見方から逃れることができます。AはBではないという区別を超えて、AがBに「なる」――AがBに「似る」と言ってもいいでしょう――ような、**区別を横断する新たな関係性を発見すると同時に、AとBが同一にならないような、区別を横断する新たな無関係もまた発見する、というのがクリエイティブな意識**なのです。

③フーコーの場合は「社会の脱構築」だと言えます。ドゥルーズ的な世界観、存在観を、社会的関係に適用してみましょう。権力がフーコーの主題なのでした。通常、権力という言葉は、強い者が一方的に弱い者を抑えつけ、支配するというイメージです。ところが**フーコーは、「権力は下から来る」と言い、弱い者がむしろ支配されることを無意識的に望んでしまうメカニズムを分析し、実は権力の開始点は明確ではなく、それこそドゥルーズ的な意味で、多方向の関係性（と無関係）として権力が展開しているという見方を示しました。**この考え方によって、社会問題を形成している背景の複雑さをより高い解像度で見ることができるようになります。

権力は、逸脱した存在を排除し、あるいはマジョリティに「適応」させることで社会を安定させる。近代という時代は、そういう権力の作動に気づきにくくなるような仕組みを発達させました。この歴史的観点が、今の管理社会を批判するために必要なのです。逸脱を細かく取り締まることに抵抗し、人間の雑多なあり方をゆるやかに「泳がせておく」ような倫理、フーコーはそれを示唆していると言えるでしょう。

まず、二項対立の脱構築というデリダの論法に慣れる。

それを存在すべてに拡大し、「コップはコップ、猫は猫、あの人はあの人、自分は自分」という区別を超えて、ものごとはダイナミックに横断的なつながりを展開している、というドゥルーズ的ビジョンへと向かう。だが同時に、いたるところに無関係もあり、すべてがつながってこんがらがって「ダマ」になってしまうわけではない。ソーダ水のように泡立つ世界といったイメージ。これが存在の脱構築。

そこから社会問題の具体性へ。「あれはまともな生き方ではない、逸脱だ」と排除する権力関係をまず認識する。そしてそれはたんに強制されているのではなく、人々がみずからの不安から無意識的につくり出した体制であると認識する。そこから逃れようとする管理社会批判が社会の脱構築である。二項対立のどちらかに振り分けることなく、雑多な生き方を「泳がせておく」ような曖昧さにこそ、他者性を尊重する倫理がある。

第四章　現代思想の源流
――ニーチェ、フロイト、マルクス

秩序の外部、非理性的なものへ

本章では、現代思想の先駆者として、一九世紀の三人の思想家を取り上げたいと思います。ニーチェ（一八四四～一九〇〇）、フロイト（一八五六～一九三九）、マルクス（一八一八～一八八三）です。

この三人がどういう意味で前提として重要かというと、いずれも秩序の外部、あるいは非理性的なものを取り扱った人物だと言えるからです。マルクスについてそう言うと、知識のある人は変に思うかもしれませんが、それは後ほどフォローします。

「はじめに」で言ったことですが、現代思想は権威的な秩序を批判し、外部に逃げ出し逸脱することをクリエイティブだとする大きな傾向があります。そういう反秩序的性格については、人によってはけしからんと思うかもしれません。しかし、逸脱というものは少なくとも遊び的なものならば誰しも経験するし、社会にはそういう余地が必要であるということは多くの人が認めるだろうと思います。すべてがガチガチに秩序化され統制されているべきだと本気で考える人は少ないでしょう。

秩序の外へ——この方向性は、一九六八年という特別な年と結びついています。六八年五月には学生がパリ大学を占拠し、労働者のストライキと連帯して従来の社会を批判し、より対等な関係性を求める異議申し立てがなされました。世界同時に起きた左翼学生運動と、現代思想は時代の空気を共有しています（もっとも、この後紹介するルジャンドルは、六八年五月を幼稚なものとして批判する保守派なのですが）。そうした政治活動とともに前衛芸術やカウンターカルチャーが盛り上がったのが六〇―七〇年代で、現代思想もそういう時代に生まれ育ったわけです。

そこから遡って、一九世紀。秩序から逃れるものに注目する新しい知のかたちが提起されたのが一九世紀なんです。それまでは基本的に、知の課題とはいかに世界を理性的な秩序にきちんと捕捉するかだった。しかし、むしろ**非理性的なものの側に真の問題があるという方向転換**がなされるのです。その代表者がニーチェであり、フロイトであり、そしてある意味でマルクスなのだということです。

すごく雑に言ってしまえば、**「ヤバいものこそクリエイティブだ」という二〇世紀的感覚、あれを遡るとこの三人になる**ということです。

インターネットの普及後、世の中の相互監視が強まり、クリーン化が進んでいくなかで、ヤバさのクリエイティビティへの警戒心が高まってきて、世の中はより安心・安全な秩序を求める傾向が強くなっている、と「はじめに」で述べました。今後、二〇世紀的な自由の感覚は、歴史的に勉強しないとわからないものになるかもしれません。

ニーチェ――ディオニュソスとアポロンの拮抗

哲学とは長らく、世界に秩序を見出そうとすることでした。世界のなかに混乱を見つけて喜ぶような哲学は、あるとしても異端。そういう意味で、混乱つまり非理性を言祝ぐ挙措を哲学史において最初にはっきりと打ち出したのは、やはりニーチェだと思います。『悲劇の誕生』（一八七二）という著作において、ニーチェは、秩序の側とその外部、つまりヤバいもの、カオス的なもののダブルバインドを提示したと言えます。古代ギリシアにおいて秩序を志向するのは「アポロン的なもの」であり、他方、混乱＝ヤバいものは「ディオニュソス的なもの」であるという二元論です。

ギリシアには酒の神であるディオニュソスを奉じる狂乱の祭があったのですが、それが抑圧され、もっと調和のとれたかたちに収められていった。アポロン的なものというのは形式あるいはカタであって、そのなかにヤバいエネルギーが押し込められ、カタと溢れ出そうとするエネルギーとが拮抗し合うような状態になる。そのような拮抗の状態がギリシアの「悲劇」という芸術だ、というわけです。

こういう暴れ出そうとするエネルギーとそれを抑えつける秩序との闘いに劇的なものを見る、言い換えれば、善と悪、光と闇の対立があるところに、どちらかをとるのではなく、その拮抗状態にこそ真のドラマを見る、なんていうのは今日のコンテンツではよくあるもので、みんなそういうドラマ性を当たり前だと思っていると思いますが、それをはっきり形式化したのはニーチェなんです。

まずディオニュソス的エネルギーが大事であって、しかしそれだけでは物事は成り立たず、アポロン的形式との拮抗において何かが成立する。僕のドゥルーズ論である『動きすぎてはいけない』という本のタイトルも、動くというのがエネルギーの流動性を表しているとするなら、そこにある抑制がかかることで何事かが成り立つという意味であって、そういう意味では、ニーチェ的なダブルバインドが僕の仕事にも、あるいはドゥルーズにも継承されているということになります。

ここで重要なのは、「秩序あるいは同一性はいらない、すべてが混乱状態になればいい」と言っているわけではないということです。しばしば現代思想はそういうアウトローを志向するもののように勘違いされることがありますが、そうではないのです。**確かに混乱こそが生成の源なのですが、それと秩序=形式性とのパワーバランスこそが問題**なのです。ですからここでも二項対立のどちらかをとるのではなく、つねにグレーゾーンが問題であるという脱構築的発想が働いているわけです。

ニーチェは古典文献学者として、二四歳の若さでバーゼル大学教授に就くのですが、その後、『悲劇の誕生』によって学者たちの不興を買うことになります。ニーチェは、堅実な研究者として生きるのでは満足できなかった。『悲劇の誕生』は、本来なら丹念な歴史研究をすべきところ、大ざっぱな図式を打ち出し、かつギリシア悲劇を当時ニーチェが入れあげていたワーグナーの音楽に結びつけ、ワーグナーの革新性を謳うもので、研究というより今日風に言えば「批評」的な著作でした。当時の文化状況に一石を投じたいという野心があったのです。こいつは学者の道を踏み外した、と思われたことでしょう。

批評的な仕事が、大学＝アカデミアの学者から、いわば「出すぎた」ものとして反発を受けるというのは今もあって、批評の世界すなわち論壇と大学にはときに対立が生じます。ニーチェはそういう対立を生きたパイオニアだと言えるでしょう。

下部構造の方へ

アポロンとディオニュソスという対立は、同一性と差異という対立に対応します。後者、つまり脱秩序的で混乱したヤバいものの側が、秩序の下に押し込められているという「下部構造」のイメージがここでは重要です。

この図式は、哲学史的に遡ると、**「形相」と「質料」という対立**に行き着きます。これは古代ギリシアでアリストテレスが示した対立ですが、要するにかたちと素材ですね。かたちは秩序を付与するものであり、素材はそれを受け入れる変化可能なものです。

この形相と質料の区別がアリストテレスにおいてまず理論化されました。さらに遡ると、「理想的なかたち」、「真の秩序」を追求するというのが、アリストテレスの師であるプラトンの哲学だったのですが、そこにアリストテレスによって質料との二重構造が導入されたわけです。あくまでも質料は形相の支配下にあります。

ところが、ずっと時代を飛ばしますが、ニーチェあたりになると、秩序づけられる質料の側が、何か暴れ出すようなものになってきて、その暴発するエネルギーにこそ価値が置かれるようになります。つまり、**形相と質料の主導権が逆転する**のです。

プラトンからアリストテレスへの道行きも、言ってみれば「天上の秩序から地上の混乱へ」という展開であるわけですが、アリストテレスの哲学はまだ、全体として秩序志向でした。そこからどんどん地上の混乱が増大していく方向に哲学史は進んだと、大まかには言えるでしょう。

質料すなわち物質や身体の側が要するにディオニュソス的でヤバいものであり、それを形相すなわちカタが抑えつけている。

ニーチェのこうした図式は、ショーペンハウアー（一七八八〜一八六〇）の影響を受けています。ショーペンハウアーは『意志と表象としての世界』（一八一九）において、世界が秩序立った「表象」として見えている一方で、世界とは本当はひたすら邁進していく「盲目的な意志」であり――自然の運動もすべて「意志」だと呼ぶのが特徴的です――、我々はそれに振り回されるという議論を展開しています。そのどうにもできない力に対して、人間が向かうべき「涅槃《ねはん》」、「無」の思想が語られることになる（ショーペンハウアーはヨーロッパで初の、本格的に仏教思想を念頭に置いた哲学者でした）。

ショーペンハウアーの思想は初めは理解されなかったのですが、晩年に再評価が起こり、ワーグナーやニーチェにも影響を与えました。この普遍的な意志概念、しかも「何かをしたい」という目的的なものではない、ただの力、非合理的な意志というものをはっきり概念化したのがショーペンハウアーのすごいところで、ニーチェのディオニュソス的なものも、あるいはフロイトにおける無意識の概念もその影響下にあるのです。

ですが、ショーペンハウアーは一種のペシミズムの人であり――生を苦であるとする悲観主義、だがそれを通してこそ生が改めて肯定される、という逆説がショーペンハウアーの魅力です――、それに対してニーチェの場合は、もっと明るい方向で、「盲目的な意志」をクリエイティブなものとして捉え、力が次々に変形されて何かを実現していくといった世界観になるのです。わけのわからないエネルギーに衝き動かされて何かすごいものをつくってしまう、という今でもポピュラーなアーティスト像が、ショーペンハウアーからニーチェへの引き継ぎによって成立することになります。

フロイト——無意識

さて、今度はフロイトです。

フロイトは精神分析の発明者ですが、精神分析と哲学の関係は実に奥深いものです。精神分析は「神経症」（今日では「不安障害」や「強迫性障害」などに細分化されているもの）の治療のために考案されたもので、今でも世界各地で実践されているし、心理学や精神医学の展開に多大な影響を与えましたが、もっと大きく言えば、人類のものの考え方を根底から変えてしまった前代未聞の理論なのです。

今日、**自分がはっきり意識できない、よくわからない理由で何かやってしまった**というようなことは、「無意識だった」と言われますが、そもそもそういう使い方で無意識と言うこと自体がフロイトの発明ですから、二〇世紀以後の我々はフロイトの思考の影響下から逃れられなくなっていると言えます。人間は自分のことすべてをコントロールできてはおらず、何か「やってしまう」という、いわば自分のなかに別の自分がいるというか、意識を裏切る「盲目的な意志」（ショーペンハウアー）に動かされている面があるわけです。

さっそくニーチェにつなぐと、つまり自分のなかにはコントロールの利かないディオニュソス的なものがあるということになります。ここで**ディオニュソス的なもの＝無意識**というつながりをつけてください。

そして有名なことですが、フロイトは人間の思考は性的なものだと考えました。**無意識には何か性的なエネルギーのわだかまりがあって、それが外見上性的に思えない行動を動機づけている、**というのです。これは「汎性欲論」だと言われ、当時も今も反発があって、フロイトの弟子の一部はそれを手放す方向に向かったのですが、以下ではあくまでもフロイトの洞察にもとづいて説明します。

精神分析と聞いて、どういうものかイメージが湧く人は少ないでしょう。「エディプス・コンプレクス」という父殺しのテーマが有名ですが、最近はそれもあまり言われなくなりましたし、若い世代にとっては馴染みがないと思います。

精神分析家は医者ではなく（同時に精神科医である場合もありますが）、医療の制度とは独立に、精神分析という独自の実践として行われているものです。それがフランスでは今でも盛んですし、実は日本にも精神分析家はいます。

ひとことで言って、精神分析的な考え方にコミットするということは、人間には無意識があるという人間観を持つことです。この無意識とは何なのか、自然科学的な脳研究ではまだ結論が出ていません。ですから否定も肯定もされていない仮説です。

無意識とは、自分自身が意識的に「こういう理由でカツカレーを食べたい」とか、「こういう理由で誰かと付き合いたい」と思っていることの背後にあるとされる、はっきりそう言語化して捉えることができないような深いロジックの次元を指しています。

たとえば、誰かをいじめている人がいるとして、嫌いだからいじめているというのが表面的な次元ですが、実はその人物のことが気になっていて、好意があるからこそいじめている、というのがひとつの解釈としてありうる。こうしたことは同意してくれる読者も多いと思います。こんなちょっとした例がすでにして精神分析的です。つまり、愛と憎しみが裏腹の関係にあって、愛するからこそ憎むとか、また逆に愛の背後に憎しみがあるとか、そういうのが無意識の作用なのです。

そもそも自分のなかに逆説があるなんて認めたくない、という人もいると思うし、実際それは自己のコントロールに疑いを向けることですから、イヤなわけです。ところが、ひじょうに重要なことに、精神分析とは、自分自身でそれを引き受けて考えるのがイヤなものだ、というところがポイントなんです。ひじょうに不愉快な考え方なんです。

そういうこともあって、精神分析には多くの反発が寄せられます。たとえば「そんなものは科学的に証明されていない」というのは中立的な反発に聞こえるかもしれませんが、そのなかにはそもそも精神分析的な裏腹の心理を自分自身で引き受けたくないという反発——これを精神分析の用語で「抵抗」と言います——が含まれている面もあるのです。精神分析に対する批判を百パーセント抵抗だとは言いませんが、抵抗の部分もある程度あるだろうと言えると思います。

精神分析の実践と作用

精神分析の実践とは、自分のなかのコントロールから逃れるような欲望のあり方を発見していくことです。

しかし、自分が自分のことを意識的にこうだと思っているような自己認識を続けていては、自分の心の本当のダイナミズムには届きません。そこで使われるのが、「自由連想法」という方法です。

精神分析家のオフィスには、分析家が座る椅子があり、その前にカウチという長椅子があって、クライアントはそこに寝そべります。そうすると、自分の頭の後ろに分析家が座っているかたちになり、視線が合わず、お互いの顔が見えないようになっています。自分の目の前は何もない空間ですが、あたかもそこにスクリーンがあるかのように、そこに向けてただ思いつくことをベラベラしゃべるのです。今自分は恋愛関係のトラブルで困っているとか、自分はいつも浮気を繰り返してしまうとか、直近の自分の問題を語ることからしゃべり始めると、昔中学校の先生に言われたイヤなこととか、夏休みの午後に家族と冷やし中華を食べた場面とか、そういうことがだんだん思い出されてきます。そういうことを思いつくままにしゃべり続けるのです。

そのあいだ分析家は何をするかというと、あまり大したことはしません。頷きながら話を聞いていて、あるいは無言になったりし、ときどき「今出てきたこの部分はあれとつながりますね」といった解釈を言うくらいです。

そうやって即興演奏さながら昔のことを思い出していくと、自分は今、恋愛関係にある人にある種の恐れを抱いているらしい、みたいなことが自覚されてきて、実はその恐れが中学校のある先生に対して抱いていた恐れと何か関係していると気づいたりします。そして典型的に精神分析的には、その恐れは親との関係に結びついていったりするわけです。

ただ、今の恋人との関係が親との関係につながるなんていうのはいかにもな話で、そういうのをまさに「エディプス的」と言うわけですが、そんなことを認識したところで何が変わるんだという話でもあるわけです。実際、ちょっと意識的に考えてみれば、そういうつなぎ方は多少連想力がある人だったらできるかもしれない。

精神分析の本当のところは、記憶のつながりを何かの枠組みに当てはめることではな

く、ありとあらゆることを芋づる式に引きずり出して、時間をかけてしゃべっていく過程を経て、徐々に、自分が総体として変わっていくことなのです。どう変わるかはわかりません。ただ、これはやはり一種の治療であり、何とも言いにくいかたちで、自分のあり方がより「しっかり」していくのだと言えると思います。精神分析は時間を節約してパッパと済ませることができません。精神分析経験とは、ひじょうに時間をかけて自分の記憶の総体を洗い直していく作業なのです。

無意識と偶然性

これは「自分でコントロールしきれないものが大事だ」という現代思想の基本的な発想につながってきます。つまり、**自分のなかの無意識的な言葉とイメージの連鎖は、自分のなかの「他者」である**ということになります。

この「他者」とは他人ということではなく、「他なるもの」という広い意味でとっていただきたいのですが、とにかく自分のなかには自分で取り扱い方がよくわかっていないような「他者」がたくさんひしめいていて、それによって踊らされるようにして意志的な行動を行っているのです。

こういう意味において、フロイト的な無意識の概念は、自分のなかには他者がいるのだということとして言い換えられ、そしてそのことが現代思想における脱秩序的な方向性とつながってくることになります。

その上で、無意識の何がポイントなのでしょうか。これは僕の解釈ですが、「偶然性」というキーワードをここで出してみたいと思います。

精神分析で明らかになるのは、自分の過去のいろんな要素が絡み合い、ところどころ固い結び目ができてしまい、それが今の行動に傾向を与えているということです。ただしそれは、「人間はこういう経験をしたらこういう人間になる」などと一般法則のように言えるものではありません。精神分析はその意味で、個別の経験を大事にするのです。似たような交通事故に遭ったとして、そのことが大きなトラウマになる人もいれば、ならない人もいるでしょう。

つまり、**無意識とはいろんな過去の出来事が偶然的にある構造をかたちづくっているものので、自分の人生のわからなさは、過去の諸々のつながりの偶然性なのです。**

今自分にとってこれが大事だとか、これが怖いとかがあり、それについて物語を持っているとして、「それはあのときにああいう出会いがあったからだ」と振り返るときのその出会いは、たまたまそうだったというだけ、そしてそのことが深く体に刻まれてしまったというだけであって、その「運命」に意味はありません。たまたまです。

でも人間はまったくわけもわからずに自分の人生が方向づけられているとは思いたくない。我々は意識の表側で必ず意味づけをし、物語化することで生きているわけですが、その裏側には、それ自体でしかない出来事の連鎖があるのです。

ただそのことに直面するのが通常は怖いので、人はさまざまな物語的理由づけをします。しかし精神分析の知見によれば、まさにそのような物語的理由づけによって症状が固定化されているのです。むしろ、無意識のなかで要素同士がどういう関係づけにあるかを脱意味的に構造分析することで初めて、症状が解きほぐされることになるのです。

物語的意味の下でうごめくリズミカルな構造

ここでニーチェにつなぐなら、ディオニュソス的なものの混乱も、煎じ詰めれば偶然性のことだと言えます。

秩序とは一般に、偶然性を馴致《じゅんち》する、手懐《てなず》けるものです。偶然を必然化する。「こうだったからこうだ」とわかるかたちにされているのが表の世界です。それに対して、わけもわからず要素がただ野放図に四方八方につながりうる世界が下に潜在している。

二項対立、どちらか一方が優位で他方が劣位である二項対立によって物事をさばいていくのが表の思考ですが、それは言い換えれば、世界の物語化です。善と悪を分け、有用と無駄を分け、清潔と不潔を分け、愛と憎しみを分け、そこでの選択の迷いや希望や後悔をあれこれ語るのが「物語」であり、典型的な近代的小説の構造です。

しかし現代思想は、そういった物語の水準に留まっていては見えないリアリティが世界にはあるということを教えてくれます。無意味なつながり、あるいは無意味という言葉が強ければ、物語的意味とは別のタイプの意味、とも言えるでしょう。なかなかこれを考えるのは難しいかもしれませんが。

たとえば、セザンヌの絵画を例として挙げてみましょう（セザンヌもニーチェらと同時代の人です）。セザンヌはサント＝ヴィクトワール山という山を何度も描いています。ただ、確かに山を描いているのだけれど、その絵には具象と抽象のあいだのようなところがあって、山をリアルに描くというより、さまざまな色のタッチ、配置、リズムの方に主眼があるとも言えるものです。このとき、「山の絵だね」、「夏の山だね」という理解が物語的意味に相当します。ところがその同じ絵を、「ここに黄緑の四角っぽいタッチがあって、それに対して絶妙な角度で隣により青っぽいタッチがあり、そしてその隣に……」というふうに、山という意味の手前において展開している要素の関係性に意識を向け、それを楽しみ、山の絵であるというより、それらタッチの集まりによる「そういう絵」なんだと鑑賞する視線もありえます。絵画鑑賞のいわば上級編とはそういうものです。

これを自分自身の記憶や世界のあり方に適用することが、二項対立から離れて現代思想的にものを見ることだとも言えます。物語的意味ではない意味を世界に、自分自身に見る。それが「構造」を見るということであり、しかもその構造は動的でリズミカルなものです。構造とは、諸々の偶然的な出来事の集まりなのです。

まとめるならば、**ディオニュソス的なものとは抑圧された無意識であり、それは物語的意味の下でうごめいているリズミカルな出来事の群れだ**ということです。それが、下部構造なのです。

近代的有限性

ここで、やや脱線的になりますが、ショーペンハウアーからカントに遡ってみます。

まず、カント超入門です。時代は一八世紀末、カントは『純粋理性批判』（第一版、一七八一／第二版、一七八七）において、哲学とは「世界がどういうものか」を解明するのではなく、「人間が世界をどう経験しているか」、「人間には世界がどう見えているか」を解明するものだ、と近代哲学の向きを定めました。哲学者も含めて我々は人間であり、人間が分析できるのは人間が認識していることだけだからです。

人間に認識されているものを「現象」と言います。現象を超えた、「世界がそれ自体としてどうであるか」はわからない。この、それ自体としての存在を、カントは「物自体」と呼びました。**人間にはフィルターみたいなものが備わっていて、それを通ったものしか見えない。フィルターを外して世界がどうなっているかはわからない。ちょっと言葉が難しいですが、このフィルターをカントは「超越論的なもの」と呼びました。**別の喩えをすると、超越論的なものとは、思考のOS（Windows や Mac OS など）みたいなものです。

人間はまず、いろんな刺激を「感性」で受け取って知覚し、それを「悟性」＝概念を使って意味づける。この感性＋悟性によって成り立っている現象の認識では、物自体は捉えていません。しかしそれでも物自体を目指そうとするのが「理性」である（しかし物自体には到達できない、ゆえに理性に関する難問が生じるのですが、それは省略します）。感性、悟性、理性という三つが絡み合うのがカントOSです。

人間に考えられるのは「考えていること」だけだ、とするなら、世界は本当はどうなっているのか？　今見えているのは「自分に見えているだけのもの」なのだから、すべては幻で、自分一人しか存在しないんじゃないのか？　といったいかにも哲学っぽい問いを聞いたことがある人もいるでしょう。これこそザ・近代なのです。

近代が本格化する転換期が一八世紀末です。それ以前には、世界の事物がどうであるかをじかに語ることができるような空間がありました。この対比をフーコーの『言葉と物』

という本が論じています。

以下、『言葉と物』の説明です。この部分はフーコー論の続きだと思ってください。

一七から一八世紀、フーコーの言い方では「古典主義時代」は、思考に対する事物の現れ、すなわち「表象」と、事物それ自体とを区別することはなく、事物を思考によってじかに分類整理できる、という時代でした（古典主義時代より前はルネサンスで、フーコーはそれにも説明を与えていますが、ここでは省略）。このときには、表象と事物は一致しているのかズレているのかという問題意識はなかったのです。

ところがその後、近代化の進展につれて、表象の背後には、事物がそのようにできている深い原因がある、表象を見るだけではわからない原因を解明しよう、という知の運動が始まります。たとえば、生物学ができる以前に、古典主義時代には「博物学」がありましたが、それは動植物の特徴を分類整理するだけでした。その後、今の我々も知っている生物学の段階に入っていくと、生命という抽象的なものを想定して、生命の「機能」がさまざまな身体器官でどう実現されているかを研究するようになる。機能とは、目に見えるものではありません。機能自体は表象としては見えない、抽象的に考えるものです。そのように、表象の背後に抽象的なレベルでの原因を探ることで、原因がそこに位置する事物「それ自体」が、表象から分離されていくのです。

ここ、かなり難しい話だと思います。ですが、次の第五章で紹介する、日本の現代思想における「否定神学批判」と合わさることで理解できると思いますので、今の段階ではざっと読んでいただければ大丈夫です。

思考（表象）と現実（事物）がズレているかも、という疑問は現代人にとっては当たり前ではないでしょうか。昔はそのズレがなかったのです。そこから、表象と事物が分離され、今度は二つをどうつなぐかが問われるわけですが、その過程を明らかにするという、実に繊細でスケールの大きな課題に取り組んだのだからフーコーはとんでもない人です（このように、哲学を学ぶときには歴史の観点が必要です。人間の思考システムがどう変化していったかを意識する必要があります）。

そして表象と事物という二元性は、自分自身つまり人間にも跳ね返ってきます。

ここのロジックはひじょうに重要ですが、かなり難解なので、専門家による整理を参照したいと思います。フーコー研究者の慎改康之は次のようにまとめています。

表象空間から解放され、自身の謎めいた厚みのなかに引きこもることによって、事物は、認識に対して決して完全には与えられないものとなる。そして、そのように表象から一歩退いた場所に措定された事物が、まさにそのことによって、ありとあらゆる認識の可能性の条件として自らを差し出すことになる。自らを示すと同時に隠す客体、決して完全には客体化されえぬ客体こそが、「自らを表象の統一性の基礎として示す」ということであり、ここから、我々は、そうした基礎への到達を目指す「終わりのない任務」へと呼び求められるのである。

（慎改康之『ミシェル・フーコー――自己から脱け出すための哲学』岩波新書、二〇一九年、七五頁）

隠されたものとしての事物の謎の追求は、「終わりのない任務」になる、つまり、キリがないのだけれど続けるしかない。ここには、かつてなかった無限性が生じている。古典主義時代には、神の秩序たる世界をたとえば博物学で記述することは、それも際限ない仕事でしたが、その終わらなさ＝無限性は、たんに量が多いだけだった。

しかし今や、探求するほどに「かえって謎が深まる」ようになったのです。これが新たな無限性です。思考（表象）と事物を隔てるどうしようもない奈落を埋めようとして埋められない、というのが近代的な無限性です。世界そのもの、物自体には到達できない。この意味で、人間という存在が「有限」なものとして発見されます。かつて、人間が有限だというのは、神に対して矮小なものというくらいの意味でした。近代において有限性の意味がより深まるのです。思考（表象）によって世界（事物）に一致しようと際限なく試みるが、結局はできない、というのが近代的な有限性なのです。

そしてフーコーによれば、見えないものの力、ネガティヴなものの力がそのようにして承認されるとともに、そうした力によって魅惑される者、そうした力によって絶えず呼び求められる者の存在が浮上してくることになる。真理を常に取り逃すという点において自らの有限性を示すと同時に、まさしくその有限性ゆえにその真理に向かって不断に歩み続ける者としての人間、根源的に有限な存在としての人間が、ここに登場するのである。

（同書、七六頁）

カントの『純粋理性批判』は、新たなる有限者＝近代的人間のあり方を、初めてクリアに分析した画期的な仕事でした。そして、カントも含めて知の近代化とは有限性の主題化にほかならない、ということを明示したのがフーコーの『言葉と物』なのです。

いささか脱線的になりましたが、改めて本章全体とつなぎ直しましょう。

近代において、人間の思考は、見えないもの、決して届かないもの、闇のようなものに向かって、あるいはそれをめぐって展開されることになる。思考は不可能性を運命づけられる。先の引用に「真理に向かって不断に歩み続ける」とありましたが、これはよりネガティブに言い換えれば、「真理に向かおうとするが、真理への到達不可能性によって牽引され続ける」ということです。人間の思考は、つねに闇を抱え込むようになった。思考において思考を逃れるものが生じた。それが、広い意味での下部構造の発見です。ディオニュソス的なもの（ニーチェ）、盲目的な意志（ショーペンハウアー）、無意識（フロイト）といった近代的概念は、人間自身が内に含むようになったその闇の別名なのだ、とまとめることもできるでしょう。遠く遡ればその闇とは、形相ないしイデアに必ずしも従わないような質料、マテリアルの転身した姿なのです。

マルクス——力と経済

さて、そこからマルクスにつなぎましょう。

先ほどから言っている「下部構造」というのはマルクスの用語で、マルクスにおいては、社会の経済的な成り立ちのことを指しています（先ほどまでは、マルクスの使い方より広く、隠されたもののことを下部構造と呼んでいましたが、ここからは元々の意味になります）。マルクスは、政治でも文化でもなく、もっぱら経済こそが、要するにカネの問題こそが人間を方向づけてきたのだと喝破した人です。そして経済は、資本と労働の二項対立で動いていると考えました。カネの問題が下部構造と呼ばれるのは、表面的な社会の状況、すなわち上部構造に覆われて見えにくくなっているからです。

　フロイトにおける、無意識が抑圧されて意識が成立しているという二重構造に似ていると思いますが、マルクスは「労働力」とそこからの「搾取《さくしゅ》」というメカニズムを発見しました。**労働者は自分の労働力に対して賃金をもらい、それは生活に必要な金額だということなのですが、結果的に、賃金に見合う以上の生産を行うこととなり、その余剰の利益、すなわち「剰余価値」を使用者＝資本家にピンハネされる、**というメカニズムです。

　ここで重要なのは、力の存在です。労働力とは、身体と頭脳の力であり、その力が押さえつけられ、コントロールされ、搾取されている。

　搾取される側と人を使う側に分かれるのは、結局は、どういう立場に生まれ育つかの偶然性によります。たまたま土地を持っている家に生まれたら、そこに工場を建てたりできるし、とにかく最初から有利なわけです。それに対して、何も持たない立場の人は、雇ってもらって労働力を提供するしかない。自分の「労働力商品」を売るしかない。

　人間には本来、好きに使えるはずの力があるのに、偶然的な立場の違いによって、搾取されている。誇張的に言えば、誰にだってアナーキーでディオニュソス的とも言える力がそもそもあるのに、制約されているのです。

そう考えることで見えてくるのは、労働者は自分自身の力を取り戻し、より自律化するべきだという労働運動の方向性です。その力は、ときにストライキやその他の抵抗運動によって搾取に対抗する力ともなるわけです。

すべての人が自分自身の力を取り戻すには

ここでフロイト的な発想とつなぎつつ現代的な例を出してみます。

よりキャリアアップするために自己啓発本を読んでやる気を出すとか、職場の環境をよくするためにLGBTQへの差別をなくす運動に取り組むとか、そういう活動は「意識が高い」とされるものでしょう。しかし、仕事の効率を上げ、職場をよりよくするという善意は、剰余価値をピンハネされ続けるという下部構造の問題から目を背けることではないでしょうか。意地悪に言えば、**搾取されていても快適であるために、みずから進んで工夫をしているのではないか**、ということです。

このとき、**本当に意識を高く持つというのは、搾取されている自分自身の力をより自律的に用いることができないかを考える、ということ**になります。

もっとも、自分は使われている人間だということを自覚した上で、独立を決意するべきだという自己啓発はたくさんあります。それが意味しているのは、労働者から資本家になれということです。そうすると結局、誰かを搾取する立場に変わるだけです。

だからマルクス主義では、「あなたも資本家になれる」ではなく、すべての人がこの構造から解放されるにはどうするか、**すべての人が自分自身に力を取り戻すにはどうするか**を考えようとするのです。それが「共産主義」と呼ばれるものなのですが、いまだそれは実現されていません（歴史上の社会主義国家はそれを試みて失敗しました）。

「意識が高い」と通常言われるような意識の下に抑圧され、無意識レベルに留まっている自分本来の力、いわばディオニュソス的なものをいかに取り戻し、それにどうやって搾取構造とは異なる独自の秩序を与えるか。これが後期フーコーにおける自分で自分のことを秩序化するという「自己への配慮」の話につながります。

通常、意識のレベルでは、身体の偶然性を無視し、誰もがみんなと同じように仕事のスキルを高め、競争し、同じ基準で成功しようと頑張ってしまう。成功できないのは努力が足りないからだと思い、思わされ、それによってさまざまな自己啓発やトレーニングを強いられる（強いられていることに気づかず、自分の意志で努力しているつもりでそういうことをさせられている）。努力の面はもちろんありますが、根本的に、経済的立場の違いは偶然的な条件の違いも大きいのであって、社長になっている人は努力したからだけでなくいろんな意味で条件がラッキーだったわけです。まずはその偶然性に気づくことが重要で、自分が置かれた状況を必然的なものと捉えないということが、「自分自身に帰る」ための最初の重要な思考の転換です。

その上で、自分には何ができるのか。人はそれぞれ得意なことや苦手なことを持ち、それには偶然性があります。努力によって変われる部分もあれば、変われない部分もある。ここもダブルで考える必要があります。生まれ育ちの条件でどういう人間になるかが決まっているわけではないが、後の努力は決して平等な競争ではなく、努力次第であらゆる初期条件をリセットできるわけではない。ですから、おそらく目指すべき社会とは、いわばそれぞれの「存在の偏り」――いかにも明るく「個性」とか言うよりも、精神分析的な意味も込めつつ人間の特徴をいくらかネガティブに表現する方が、むしろ多様性を肯定する姿勢だと僕は思います――を活かすかたちでそれぞれが力を取り戻し、自分にふさわしい努力ができる社会ということになるでしょう。平均化されたツルツルした社会を目指すのではなく、デコボコしていてもなんとか回る社会を目指す。

そしてそれは自分がなぜ今このような人間なのかということを精神分析的に追求し、偶然の出会いへと遡っていくことにつながっています。すなわち、**同じ土俵、同じ基準でみんなと競争して成功しなければという強迫観念から逃れるには、自分自身の成り立ちを遡ってそれを偶然性へと開き、たまたまこのように存在しているものとしての自分になしう**

ることを再発見することだと思うのです。こうして、みずからの力を取り戻すという実践的課題において、ニーチェとフロイトとマルクスが合流することになるのです。

第五章　精神分析と現代思想
――ラカン、ルジャンドル

現代思想の前提としての精神分析

この章では改めて、精神分析と現代思想の関わりを詳しく説明したいと思います。現代思想がわかりにくい原因のひとつは、ジャック・ラカン（一九〇一～一九八一）の精神分析がしばしば暗黙の前提になっていて、しかもラカンが大変難しいからです。

僕が学生時代には、ラカンの入門書もまだ少なく、その大枠を捉えるのでも困難なことでした。ラカンに関する文献はずいぶんいろいろ読んできました。本章によってごく大ざっぱにはわかると思いますが、この後、ぜひ複数の入門書を読んでください。ラカンの場合はとくに、入門書を複数読んで、いくつかの解説を合算するのが重要です。後ほど、本を紹介します。

さて、デリダには名高いラカン批判の論文「真理の配達人」というものがあり（『現代思想』一九八二年二月臨時増刊号「デリダ読本」に翻訳が掲載）、その批判があってこそ、日本では東浩紀の『存在論的、郵便的』が書かれました。また、ドゥルーズ＋ガタリの『アンチ・オイディプス』は、精神分析批判によって欲望の新たな捉え方を打ち出したのでした。そのように、精神分析批判というか、精神分析の胸を借りるようなかたちで自分の思想を形成しているという面が現代思想にはあるのです。

僕は若い頃、デリダやドゥルーズ+ガタリの精神分析批判を十分に消化できず、精神分析はダメなのだと単純に反発していました。しかし、だんだんと、精神分析は侮れないぞ、精神分析的な家族の問題はそう簡単にはスルーできないぞ、と思うようになったのです。それは年齢を重ね、人間の見方が変わってきたのかもしれません。結果として、精神分析の意義をある程度認めながら、しかしその外部を目指すような欲望理論も持つ、という姿勢をとるようになったのです。そのように、この本では、精神分析と精神分析批判のダブルシステムをお勧めしたいと思っています。

人間は過剰な動物である

というわけで、本章はラカンの超入門です。ラカンの理論はひじょうに複雑です。ここでは本当に省略して、最小限のことだけを説明します。

精神分析が基本的にどういうものかは第四章のフロイトのところで説明したので、忘れてしまった人は読み返しておいてください。以下では、その総説は繰り返さず、ラカン独自の理論についてだけ説明します。

精神分析なんてオカルトでは？　という懐疑的な人に向けて一応の弁護なのですが、精神分析とは人間精神についてのひとつの仮説であり、少なくとも実践的には意味がある、効果があることが当事者によって報告されているものです。「仮説」だと言うのは、フロイトやラカンの理論が現代の自然科学とどう対応づけられるのかまだはっきりしていないからです。近年、脳科学の新しい理論であるイギリスのフリストンらの「自由エネルギー原理」が注目されていますが、これは精神分析とも親和性が高いもので、その観点からフロイトを再検討する論文も書かれています。

精神分析の言うことをすべて真に受ける必要があるとは思いません。

たとえば、精神分析では眠っているときの夢を重視し、無意識を間接的に表しているものとして解釈しますが、夢がそれほど深い意味を持つものなのかも疑問があります。たんに最近の出来事の断片がランダムに出てきているだけだろうという捉え方もありえます。夢が細部まですべて自分のコンプレクスに関わっているという読みは「意味化しすぎ」だと思います。だけれども他方で、全部ランダムだというのもおかしいと思うんですね。何か気になっていること、昔から引きずっていることが夢に象徴化されて出てきているというのは、経験的に言ってあると思います。なおかつ、大して意味がない部分も当然あると思う。それは両方混じっていると考えるのが、まあ穏当な考え方だろうと思います。

さて、そうした精神分析がどういうふうに現代思想とつながっているのか。

改めて言うなら、現代思想は精神分析批判を行いますが、そもそもは精神分析からインスピレーションを得ているわけです。前の章でニーチェ、フロイト、マルクスを通して見てきたように、一九世紀において、表面の秩序の下に隠されている力の次元が発見され、二〇世紀になってそういう脱秩序的なもののクリエイティビティが言われるようになった。表面の秩序というのは二項対立的な組み立てです。そこから逃れるものは、デリダであれば脱構築によって問われるグレーゾーンであり、ドゥルーズだったら逃走線の先の外部ということになります。人間の思考や行為には整序されたものだけでなく、不合理な力の流れに任せている面があって、本当の人間理解に至るには、秩序をはみ出すようなディオニュソス的で禍々《まがまが》しいものを人間に見出すのでなければならないのです。

精神分析は、ひとつの人間の定義を与えます。それは、「人間は過剰な動物だ」ということです。過剰さ、あるいは秩序からの逸脱性。僕はよく「人間はエネルギーを余している」と言っています（これは方言っぽいですが、「余らせている」より「余している」という言い方がなんとなく僕には自然です）。

これは、他の動物と対比して言っています。最近の研究では、人間と動物の境界線をどんどんぼかして、グラデーションにして、人間にしかできないと思っていたことは実は動物もできるのだ、という方向性が流行りですが、ここではあえて保守的に、やはり人間は自然界において特別な存在なのだという立場をまずはとりたいと思います。その特別さとは、何より言語です。とりあえずそういう人間観にお付き合いいただきたい。そう考えることで見えてくるものがあるからです。

本能と制度

ドゥルーズが若いときに編集した『本能と制度』（一九五三）という引用集の序文では、人間はたんに本能的な必要性で生きているだけではない、ということを強調しています。

動物は、本能的必要性、すなわち栄養摂取や繁殖などのためにとれる行動の幅が人間よりずっと狭い。単純化して言うと、本能的必要性とそれを達成する手段がかなり一対一対応的になっている（完全に決まってはいません。動物にも行動の多様性があります）。それに対し人間は、ひじょうに多様な仕方で必要に応える。人間は料理をひじょうに複雑に発達させており、そこには栄養摂取を超えた過剰な快楽があると言えます。動物の場合は、ある種のウミウシは決まったカイメンしか食べないとか、すごく狭い食性のものもいます。あるいは、人間の性行動は必要以上に楽しみのために行われるし、同性愛やトランスジェンダーといった「別の」可能性を生きることもあります。

ただ必要なだけの栄養摂取に対し、料理というのは「制度」です。フランス料理、トルコ料理といったいろんな制度的「お約束」があって、伝統が形成されている。性関係のあり方も一通りではなく、本能的には異性間での繁殖行動がベースですが、そのエネルギーは、多様なかたち＝制度によって充足される。ドゥルーズはこう書いています。

本能と呼ばれるもの、制度と呼ばれるもの、これらは本質的には、満足を得るための異なった手段を示している。あるときには有機体は、その本性に合った外部刺激に反応しながら、外部世界から、自己の傾向性や欲求を充足させるためのさまざまな要素をとり出してくる。これらの要素は、動物の種に応じて、それに特有の世界をつくりあげるのだ。また、あるときには主体は、みずからの傾向性と外界との間に、独自の世界を確立することによって、数々の人為的な充足手段をつくりあげる。これらの手段は、有機体を自然状態から解放し、別の事象にしたがわせ、傾向性そのものを、新たな環境にもたらすことによって変形してしまう。

（ドゥルーズ「本能と制度」、『哲学の教科書』加賀野井秀一訳、河出文庫、二〇一〇年、七五頁）

本能とは「第一の自然」であり、動物においてそれはかなり自由度が低いのだが、人間はそれを「第二の自然」であるところの制度によって変形するのです。ここでの「制度」には、「別様でありうるもの」という意味を込めています。逆に、本能とは固定的で、そうでしかありえないものです。制度は別様でありうる、しかし、いくらでも好きに別様に変えられるわけでもない、というところが重要です。人間は多様なあり方をとりうるわけですが、好きなタイミングでどうにでも変われるわけではありません。

人間の過剰さは、脳神経の発達のためだというのがよくなされる説明です。だから他の動物より認識の多様性を持っているのだ、と。他の動物は成体に近いかたちで生まれてきますが、人間は未完成な状態で生まれてきます。人間の子供は、神経系的にまだまとまっていないため、生まれてしばらくは嵐のなかにいるような状態なのです。そしてだんだん、成長しながら教えられることで、事物を一対一対応的に認識できるようになっていく。ノイジーな状態から固まっていく。これは経験的に納得していただけるだろうと思います。**そもそも過剰であり、まとまっていない認知のエネルギーをなんとか制限し、整流していくというのが人間の発達過程**なのです。教育とはまず、制限なのです。その最初にして最大の行為が、自分が名前で呼ばれ、そして周りのものの名前を教えられることです。「これは何々である、それ以外ではない」というのはまさしく制限です。

欲動の可塑性

ひとつのテーゼとして言いましょう——**人間は認知エネルギーを余している。**

自由に流動する認知エネルギーのことを、精神分析では、本能と区別して「欲動」と呼びます。人間の根底には、哺乳類としての本能的次元があるにはあるでしょう。だけれど、それが実際にどう発動するかといえばひじょうに多様であって、欲動という流動的なかたちに変換されているのです（……という仮説なのです）。

これはフロイトが言っていることですが、欲動の向かう先は一対一対応ではなく、自由で定まっていません。だからこそ、性的な対象も最初の段階では定まっておらず、異性を欲望するようになるという大多数の傾向は、もともと本能的にあるにはあっても、人間の場合は欲動のレベルでそれを固め直すことになります。**本能のレベルに異性愛の大きな傾向があるにしても、欲動が流動的だから、欲動のレベルにおいてたとえば同性愛という別の接続が成立することがありうるのです。**性愛のことだけでなく、何か特定のものに強い好みを持ったりとか、そういう自由な配線が欲動の次元で起こるのです。

本能的・進化論的な大傾向はあるにせよ、欲動の可塑性こそが人間性なのです。

欲動において成立する生・性のあり方は、たとえそれが異性愛のようなマジョリティの形式と一致するにしても、すべては欲動として再形成されたものだから、その意味においてすべてが本能からの逸脱です。つまり、極論的ですが、**本能において異性間での生殖が大傾向として指定されていても、それは欲動のレベルにおいて一種の逸脱として再形成さ**

れることによって初めて正常化されることになるのです。

そのように欲動のレベルで成立するすべての対象との接続を、精神分析では「倒錯」と呼びます。したがって、人間は本能のままに生きているということはなく、欲動の可塑性をつねに持っているという意味で、人間がやっていることはすべて倒錯的なのだということになります。こういう発想は、正常と異常＝逸脱という二項対立を脱構築しているわけです。**我々が正常と思っているものも「正常という逸脱」、「正常という倒錯」です**。本能的傾向と欲動の可塑性のダブルシステムを考えるというのがここで言いたいことです。すべての人間を倒錯的なものとして捉える発想は、ジャン・ラプランシュという精神分析家が示しています。『精神分析における生と死』（一九七〇）がその文献ですが、全部読むのは大変なので、第一章だけでも読んでもらえれば、今の話がより専門的に説明されています。

ラカン――主体化と享楽

以上、人間というものの基本的な定義をしたわけですが、その上で、いかに人間が「人間になって」いくか、すなわち「主体化」していくか、という話に移りましょう。これをラカンによる、子供の成長をどう捉えるかという発達論をモデルにして説明したいと思います。ただ、ラカンの理論は複雑なので、かなり省略することになります。

まず言っておくと、とにかく、**人間がいかに限定され、いわば「有限化」されるか**ということがここからの主題になります。つまり、有限化が主体化なんです。

子供は当初、まだ自己が独立しておらず、母と一体的な状態にあります。いわゆる母子一体の状態です。なお、「母」と言っているのはここでは、その存在なしでは生き延びられない他者、という意味です（女性の生みの親には限られないということです）。そのような広い意味での母が必要なわけですが、その存在はつねに自分のそばにいてくれるわけではなく、自分を置いて台所やトイレに行ってしまったりします。子供はそのような分離を少しずつ経験するわけですが、そうすると、ひじょうに不安な状態に耐えなければならない。母の欠如を穴のようなものだとすると、まさに心にひとつの穴が空くのです。

理想的な状態から弾き出されることを「疎外」と言います。精神分析的には、母が必ずしもずっとそばにいてくれないということが最初にして最大の疎外です。そしてそれがすべての自立の始まりなのです。この疎外は、母がいたりいなかったりするというランダムさによるものです（子供には母の行動の理由がわからない）。ここで根本的な不安を引き起こしているのは、偶然性です。母なる偶然性です。

どうなるかわからない。母が消えた。強烈な不安で緊張する。その後母が戻ってきて抱かれ、お乳をくれるというのは、極端なマイナスからプラスへの逆転で、不安が大きいほど、引き換えに途方もない快が得られるでしょう。

ここには「快」の二つの様相があります。第一には、緊張が解けて弛緩すること。安心です。しかしもうひとつ見逃せないものがある。第二に、偶然に振り回され、死ぬかもしれないというギリギリのところで安全地帯へ戻ってくるというスリルであり、これは不快と快が混じったようなもので、こちらの方が第一の快の定義よりも根本的だと言うべきではないでしょうか。第一の定義が、普通の意味での「快楽」です。それに対し、第二の方では、むしろ死を求めているようですらあるわけで、ここにフロイトの「死の欲動」という概念が当てはまります。**死の偶然性と隣り合わせであるような快を、ラカンは「享楽」(jouissance)と呼びました。**

子供は泣き叫び、母を呼びます。泣くことが、不可欠なものを呼び寄せる最初のアクションです。進化的にはそれは、母乳をもらいたいから、つまり生命維持のためですが、これが欲望の根源なのです。子供はそのうち、おもちゃなどで遊ぶようになっていくわけですが、そういった対象には、母の代理物という面がある。根本的な「欲しさ」の対象は母乳であって、おもちゃの欲しさなど、何か外的対象に向かう志向性は、母との関係の変奏として展開していくことになる。**成長してからの欲望には、かつて母との関係において安心・安全**(=快楽)**を求めながら、不安が突如解消される激しい喜び**(=享楽)**を味わった**

ことの残響があるのです。

去勢とは何か

さて、そこにもう一人の人物が介入してくる。父です。この「父」とは、密接な二人の世界を邪魔するものです。これも実の父でなくともよく、概念的に言えば「第三者」の存在を意味します。子供にとって外的対象との関係は母との関係の変奏だと言いましたが、そこから離れて、第三者的な外部、すなわち「社会的なもの」を導入するのが、この「二」の外部にいる「三」の人物です。それは母子の一体化を邪魔＝禁止するのです。

この禁止は、「ダメ！」と口に出すようなものではありません。母が子供のそばからいなくなってしまうことがある、それと、二人の外部＝第三者の領域があるらしいという認識がつながってくる。母には母の事情があって、ずっと子供だけを構っているわけにはいかない。そこで、**自分以外の誰か＝第三者との関わりのために母がいなくなってしまう、つまり、母がその誰かによって自分から奪われる**、という「感じ」が成立してくる。父＝第三者は、ゆえに憎むべき存在であり、母を奪い返さねばならないということになる。これがいわゆる「父殺し」の物語であり、以上のプロセスを精神分析では「エディプス・コンプレクス」と呼びます。そのようにして、「外部がある」ということが子供において成立してくる。外部の客観的認識には、本来の母子一体を邪魔されたがゆえの憎しみが伴っています（精神分析的に言えば、客観性には憎しみが伴っているのです）。

こうした父の介入を、精神分析では「去勢」と呼びます。ずっと母がそばにいてくれるという安心・安全は、母の気まぐれ＝偶然性によって崩れるわけですが、その理由は、父＝第三者が世界には存在するからである。端折《はしょ》った言い方になりますが、**「客観世界は思い通りにはならない、だからもう母子一体には戻れない」という決定的な喪失を引き受けさせられることが去勢です。**

去勢という言葉は性的なものです。お乳を飲むとか抱かれて安心するといった快、そしてその欠如としての不快、それが根本にあるわけですが、精神分析ではそうした快／不快がすでに性的であると考えます。後々、通常そう言われるような性的な快／不快が、食欲や安心したいといったことから分化してくる（が、根本ではつながっています）。ゆえに、快／不快の最初の段階に介入する禁止を、性的意味を含めて「去勢」と呼ぶのです。

欠如の哲学

母の欠如を埋めようとするのが人生です。しかしそれは決して埋められない。絶対的な安心・安全はありえないのであり、不安と共に生きていくしかない。だがそう悟っても、穴を埋めようとする——それが人生です。根本的な欠如を埋めようとすることが、ラカンにおける「欲望」です。その意味でラカンには「欠如の哲学」があるのです。

たとえば「限定品のスニーカーが欲しい」とか、特別なアイテムに心惹かれるというとき、自分が欲しているものの背後には幼少期の根本的な疎外との複雑なつながりがあります。**これを手に入れなければと思うような特別な対象や社会的地位などのことをラカンの用語で「対象a」と言います。**人は対象aを求め続けます。

ラカン理論はひじょうに意地悪で、何らかの対象aを仮に手に入れたとしても、本当の満足には至らないということを強調します。対象aというのはある種の見せかけであって、それを手に入れたら幻滅を同時に味わうことになり、また次の「本当に欲しいもの」を探すことになる。そうやって人生は続いていく。

そう言うと人生は虚しい感じがしますが、でもそれでいいんです。**もし何か手に入って、「よし、これで人生の目標が達成されたぞ」となったら、その後生きていく気力がなくなってしまいます。結局、何らかの対象aに憧れては裏切られるということを繰り返すことによって人生は動いていくのです。**こういうロジック自体をメタに捉えることによって、欲望を「滅却する」方向に向かうのが仏教的な悟りなのでしょう。

つながるイメージの世界と言語による区別

おおよそ以上がラカンの発達論で、一応エディプス・コンプレクスの基本的な理解を得たことになります。その上で、ラカンの有名な三つ組みの概念、「想像界・象徴界・現実界」について説明しましょう。

ラカンは大きく三つの領域で精神を捉えています。**第一の「想像界」はイメージの領域、第二の「象徴界」は言語（あるいは記号）の領域で、この二つが合わさって認識を成り立たせている。**ものがイメージとして知覚され（視聴覚的に、また触覚的に）、それが言語によって区別されるわけです。このことを認識と呼びましょう。**第三の「現実界」は、イメージでも言語でも捉えられない、つまり認識から逃れる領域です。**お気づきかもしれませんが、この区別はカントの『純粋理性批判』に似ていないでしょうか。後に「否定神学批判」のところで説明しますが、実はラカンの理論はカントＯＳの現代版と言えるものなのです（想像界→感性、象徴界→悟性、現実界→物自体という対応になっている）。

人間の発達では、まずイメージの世界が形成されていきます。まだ自己がはっきりせず、刺激の嵐にさらされている生まれたばかりの子供は、対象を十分区別できず、すべては境目が曖昧で、ぼんやりつながっている。知覚には強弱の差があり、強い部分に注意が向くとしても、それはまだ他から明確には区別されないでしょう。

そこに言語が介入するのですが、言語が行うのは「分ける」ことです。名前を与え、イメージのつながりを切断し、すべてがごちゃごちゃにならないよう制限する。一定の形態を指差しながら言葉を言うことで、世界が対象に分けられていく。

その過程で、子供は自分自身の姿を初めて見ることにもなる。鏡によってです。そして名前を呼ばれ、そのひとまとまりのイメージを自分のものとして引き受けるようになる。このことをラカンは「鏡像段階」と呼びます。

鏡像段階を通して自己イメージができる。それは想像界と象徴界の交わりによって可能となるわけです。人間は自分自身の全体像を見ることはできません。鏡によって間接的に（しかも反転した像で）見るしかない。自己イメージはつねに外から与えられる、というのがラカンの重要な教えです。鏡像というのは、鏡に映った姿だけではなく、自分について人から言われることや、有名人やアニメのキャラをモデルにして自分のあり方を調整するといったときの外的なもののすべてを指します。大人になっても我々は日々、鏡像的な自己イメージの作成を続けています（だから、「自分探し」は決して終わらないのです）。端的に言って、自己イメージとは他者なのです。

そして、先に説明した去勢によって、想像界に対し、象徴界が優位になります。**混乱したつながりの世界が言語によって区切られ、区切りの方から世界を見るようになる。**よくわからない色や音の洪水のなかで、動く何かを見て「ワンワン？」と名前を探るのではなく、最初から「犬」という区切り＝フィルターに当てはまるかどうかでものを見るようになる。象徴界の優位とは、世界が客観化されることです。ですがそれは、原初のあの幸福と不安がダイナミックに渦巻いていた享楽を禁じることを意味するのです。

ところで、小さい頃はただ好きに線を走らせて、前衛的にも見えるような絵を描いたりしますよね。成長してくると「おうち」とか「パパ」とかを描くようになり、しかも、丸を二つと横棒を描いて「顔」だとするような記号的で一対一対応的な表象によって覆い尽くされていきます。象徴界によって想像的エネルギーの爆発が抑圧されてしまうのです。

想像力はいろんなものを区別せずにつなげていく。想像力という言葉は倫理的な意味でも使われますね。たとえば「地球の裏側の貧しい人のことにも想像力を広げよう」みたいに。そこでは、今日本で生活している自分とまったく境遇が違う人を分身のように捉えてみなさい、ということが言われている。言い換えるなら、まさに区別を超えたつながり、あるいは区別の手前のつながりに戻ってみましょうと言っているのです。

ところが、言語は分別ができるようにするもので、「こっちはこっち、向こうは向こう」ということになります。ですから、言語習得というのはある意味世界を貧しくすることなのです。だけれど、言葉を習得しなければ、人間は道具をまともに操作することすらできません。おそらく体もまともに動かせないでしょう。動物の場合なら、言語を習得することなしに一定の行動をとることができますが、動物が本能的に物事を区別し分節化して捉えられているのに対して、人間は言語習得との関係で世界を分節化し直すという「第二の自然」を作り出さなければ、そのなかで目的的な行動をとることができないのです。

言語とは、ドゥルーズの言い方を使えば「制度」の一種です。

目的的、実利的にものを区別して行動する「ちゃんとした」人間になっていく過程で、境界を超えていろんな物事を接続するような想像力は弱まることになります。

だけど、なくなりはしない。想像力のリゾーム的展開と言語的分節性は人間において並立しています。だからとくに芸術を教育するときには、たんに「これはコップだから」とか、「あの人は自分とは全然違う人生だから」とかいうことで切り離さないで、さまざまなものを近づけて化学反応させるような思考が重要なのです。およそ縁遠いものが実は分身的につながるとしたら、と考えてみること。「芸術とは子供になることだ」とよく言われますが、精神分析的にはそれは以上のような意味なのです。

現実界、捉えられない「本当のもの」

そして三番目の現実界です。

イメージと言語によって認識が成立し、意味が生じているわけですが、まったく意味以前的にそこにあるだけ、というのが現実界です。現実界に直接向き合うことはできません。そういう「認識の向こう側」があると仮に想定してみましょう。疲れていたりして、見慣れているものが何かよくわからなくなったりするときは、そういう外部にちょっと近づく瞬間です。しかし通常、現実界に向き合うことはありません。

では、意味以前の現実界とは何か。それは成長する前の、あの原初の時です。刺激の嵐にさらされ、母の気まぐれに振り回されていた不安の時、不安ゆえの享楽の時です。それが認識の向こう側にずっとあるのです。

ここでラカン理論の変遷について述べておきます。「想像界から象徴界優位へ」という話は五〇年代の初期ラカンで、その後、六〇年代に現実界の位置づけが問題になります。ラカンは六〇年代＝中期以後に現実界を重視するようになった、と覚えてください。

これこそが欲しかったものだ、と何か対象aを求め、手に入れては幻滅するのが人生だという話をしましたが、人はつねに、これこそという「本当のもの」を求め続けているわけです。これが「本当のもの」かと思って何か＝対象aを得ても、「本当のもの」はまた遠ざかってしまう。**対象aを転々とすることで、到達できない「本当のもの」＝Xの周りをめぐっていることになる。このXが、イメージにも言語にもできない「いわく言いがた**

い「アレ」としての現実界なのです。あの原初の享楽！

それは成長し、認識が成立していく過程で失われたものです。幼少期に原初的な満足を喪失したということがつねに世界の影として残り続けているのです。

ラカンに関してはこのくらいの理解の上で、入門書を読み比べてください。

僕の研究におけるラカン解釈は、原和之『ラカン――哲学空間のエクソダス』（講談社選書メチエ）と、向井雅明『ラカン入門』（ちくま学芸文庫）から影響を受けています。

現在、最初に読むのにお勧めなのは、片岡一竹『疾風怒濤精神分析入門――ジャック・ラカン的生き方のススメ』（誠信書房）です。この著者は実際に精神分析を受けており、精神分析実践の様子も具体的に描かれています。また、新世代のラカン研究者である松本卓也の説明は際立って明晰なもので、『人はみな妄想する――ジャック・ラカンと鑑別診断の思想』（青土社）は必読書です。これには索引があり、用語事典のようにも使えます。

ルジャンドル――ドグマ人類学

ここまで、人間は過剰な存在である、認知エネルギーを余しているということから、精神分析的な人間像を発達論的に説明してきましたが、今度はこれを逆方向から、つまり大人の立場から見てみたいと思います。

ピエール・ルジャンドル（一九三〇〜）という思想家を紹介します。ルジャンドルはラカン派の精神分析を取り入れながら法の歴史に関する独自の理論を打ち立てた人です。ルジャンドルは自分の理論を「ドグマ人類学」と呼んでいます。

ドグマという言葉は、普通、良い意味では使わないものですよね。融通の利かない、いかなる批判も許さない決めつけみたいなものをドグマと言うわけですから。哲学史でも、「世界の本質はこうだ」というドグマ的＝独断的な決めつけをやめ、人間はどういうふうに世界を捉えているのか、言い換えれば、「人間のOS」を分析しよう、というカントの哲学に転換した歴史があって（それが哲学における近代化です）、我々はカント以後にいる。カント以前の、世界はこうだという思弁を行う哲学を「独断的形而上学」と呼びます（この「独断的」というのは「ドグマティック」の翻訳です）。ですから、今さらドグマという言葉を復活させるなんて、と奇妙な感じがするわけです。ルジャンドルは一種の保守の人で、社会秩序を守ろうとする思想の持ち主です。だからこそドグマ人類学は、世界の進展から距離をとって、現代的欲望を分析するのに役立つのです。

今日我々は、物事を決めつけるのではなく、合理的・理性的に説明し、合意形成をして世の中を運営していると思っています。しかし、本当にそうでしょうか？

実は今日の、つまり近代以後の啓蒙された世界でも、根本には、絶対にこうでなければならないという「異論を許さない決めつけ」がいろいろあって、それで社会はなんとか成り立っています。そのことがドグマ人類学によって見えてきます。

これは、実は原理的な話です。たとえばAという主張をするとして、それには理由aがある、と言われる。それに対して批判が起こると、その理由aをさらに根拠づける、より掘り下げた理由bを言わざるをえなくなる。理由bは「理由の理由」ですね。さて、さらに批判が続けば、理由の理由の理由……という掘り下げにはキリがありません。原理的には無限に続きます。このことを僕の『勉強の哲学』ではアイロニーと呼びました。

だけれど現実には、批判や反論はあるところで止めざるをえなくなります。時間に限りがあるからです。そうすると、**ある段階で、事実上そこで行き止まりの「こうだからこうだ」としか言いようがない命題に突き当たる**ことになる。原理的にはさらに遡れますが、そこで「手打ち」にするしかなくなる。その命題をドグマと呼ぶのです。

こうだからこうだ、というどうしようもなさは、すべての人が個人的に経験しています。それはすなわち、成長する過程での去勢です。母から引き離され、物事を切り分けるようになる。名前とはドグマです。自分で勝手にものに名前をつけることはできません。「これはこう呼ぶのだ」と指定され、かつその名前には結局は根拠がありません。そのことの関わりで、たとえば「スプーンはこう使いなさい」とか、「食べ物で遊んではいけない」とか、さまざまなしつけ、決めつけがなされます。そこで子供は多少逆らっても従うしかない。嫌がるけれど、強制されるわけです。

子供がまだ一人では生きられない段階で、明らかに力の差がある状況で、制限が課される。それで、トイレはこうするとか、朝起きたら服を着替えるとか、一定の生活のルーティンができあがっていく。つまり、去勢によって秩序が組み立てられていくのです。

なぜそうするのかをいちいち、それこそ「リベラル」に説明しようとしてもキリがないでしょう。人間の生活の根本には、非合理的なルーティンがあって、それが早い時期に成立するからこそ、後に目的的な行動がとれるようになるのです。

儀礼による有限化

ルーティン作成としての秩序化、それは人間が「本能で動く動物になり直すこと」だとも言えます。動物の場合、何も強制されなくても最初から決まった行動がとれますが、人間の場合には外からの「構築」が必要なのです。第二の自然をつくるわけです。

人間はルーティンを複雑化させていきました。学校で制服を着るとか、教室では黙って先生の話を聞いているとか、体育の時間に整列するとか、みんなで行進するとか、音楽の時間にみんなで同じ歌を歌うとか、我々はそういうなんでそんなことをやらなきゃいけないのかというような共通行動をさせられ、それを嫌々ながらも受け入れる。しかもそういうことをたんにイヤだと思っているのではなく、たとえば合唱コンクールで一糸乱れぬパフォーマンスを行うことに青春の感動があったりする。

ここはフーコーが規律訓練という概念によって批判的に問題にしたところです。ですが、今はそのことのポジティブな面を言おうとしています。

人は規律訓練を求める。なぜか。認知エネルギーが溢れてどうしたらいいかわからないような状態は不快であって、そこに制約をかけて自分を安定させることに快があるからです。しかし一方では、ルールから外れてエネルギーを爆発させたいときもある。

たとえば暴走族はルールを破って駆け回るわけです。ところが、暴走族には厳しい上下関係があったりします。ですから、エネルギーを解放する方向とエネルギーを制限し有限化する方向の両方が見られるわけです。これは人間のあらゆる組織的活動に言えることで、また個人的に生活を律するときでもそうです。

ここで「儀礼」というキーワードを出したいと思います。あるいは「儀式」でもよいですが、儀礼の方がより抽象的ですね。ルーティンというのは儀礼です。なんでそんなことをやっているのかその根本の理由が説明できない、たんにドグマ的でしかないような一連の行為や言葉のセットのことです。

人間は過剰な存在であり、逸脱へと向かう衝動もあるのだけれど、儀礼的に自分を有限化することで安心して快を得ているという二重性がある。そのジレンマがまさに人間的ドラマだということになるわけです。どんなことでもエネルギーの解放と有限化の二重のプロセスが起きている儀礼である、という見方をすることで、ファッションでも芸能でも政治でも、いろんなことがメタに分析できるようになります（こうした見方は文化人類学的なものであると言えるでしょう）。そして、儀礼とは去勢の反復だと言えます。

否定神学批判

母親がいなくなるときがあるという欠如の刻印を経て、その永遠に埋められない欠如を埋めるために人間はいろんな試みをするわけですが、このラカン的な欠如の哲学が現代思想においてしばしば批判されました。

とはいえ、ここも話は複雑で、捉えられない「本当のもの」＝Xというのは、実はデリダやドゥルーズにもあったと言えるし、同時にそこから離れる運動も彼らのなかにはあったのです。この捉えられないXというのは、二項対立を逃れる何か、グレーで、いわく言いがたいものです。人間はなんとかそれを捉えるために新たな二項対立を設定して、だがまた取り逃し……というように生きていく。

このようなXに牽引される構造について、日本の現代思想では「否定神学的」という言い方をします。否定神学とは、「神とは何々である」と積極的に特徴づけるのではなく、神を「神は何々ではないし、何々でもなく……」と、決して捉えられない絶対的なものとして、無限に遠いものとして否定的に定義するような神学です。まさにそうした神の定義と、このXのあり方は似ている。我々は否定神学的なXを追い続けては失敗することを繰り返して生きているわけです。

カントまで遡るなら、否定神学的なXは「物自体」に相当すると言えます。

カントについては第四章で紹介しました。カントは、人間が経験しているのは現象であり、現象は感覚的なインプットと概念の組み合わせでできていて、その向こう側に本当の物自体があるのだが、物自体にはアクセスできない、という図式を『純粋理性批判』で提示したのでした。これがラカンの三つの界とだいたい対応するのです。

カントが現象と呼んでいるのは想像界と象徴界の組み合わせです。人間はイメージ（感性）と言語（悟性）によって世界を現象として捉えている。しかし、その向こう側に現実界（物自体）があり、それにはアクセスできない。にもかかわらず、それにアクセスしようと思っては失敗し続ける。

この捉えきれないものを捉えようとして失敗し続ける人間という「空回り的人間像」のようなものが成立したのが近代です。やってもやってもキリがないという無限性。このことは、たとえばカフカの小説を想起するとよいでしょう。際限のない事務手続きに巻き込まれ、埒《らち》が明かない迷宮のようなところに迷い込む……そんな世界観です。カフカはそれを誇張的に滑稽なものとして描いている。

こうした近代的人間のあり方を示したのがフーコーの『言葉と物』なのでした。第四章で説明しましたが、もう一度、別の仕方で言い直します。

フーコーによれば、近代以前には、人間の思考は無限に謎を掘り進めていくようなものではなかった。まず神の秩序が揺るぎなくあって、神はとにかく無限の存在であり、神がつくった世界はすべて隈なく秩序的であって、人間はそのなかに含まれている。人間は神には及ばない有限なものなので、自分にわかる範囲で世界の秩序をできるだけ発見しようとする。人間は有限であり、有限にできることをやるしかなかった。

しかしそれ以後、有限性の意味が変わります。神と比べて人間は有限、なのではなく、人間自身に限界があるために世界には見えないところがある、という自己分析的な思考が立ち上がってくる。人間にわかっていることの背後には何か見えないもの、暗いものがあって、人間はそこに向かって突き進んでいくのだ、というような人間像になっていきます。

否定神学という言い方で近現代の思想を捉えたのは、東浩紀の『存在論的、郵便的』です。東において、「否定神学システム」の代表と見なされるのがラカンの理論です。ラカンにおける、現実界が認識から逃れ続けるということが、否定神学システムの一番明らかな例なのです。東はそれと同等のものがデリダの初期にもあるとした上で、デリダは後にそこから離脱する方向に向かったという読解を示しました。かつ、同時代のドゥルーズなどにも似た展開が見られるというのです。

いかに否定神学システムから逃れるかという考察を、「否定神学批判」と呼ぶことにしましょう。これが問題にされたのが日本現代思想の特徴です。

その前提にあるのは、フーコーの『言葉と物』です。否定神学システムとは、事物「それ自体」に到達したくてもできない、という近代的有限性の別名なのです。

しかしどうやったら近代的有限性から逃れられるのか？

東がデリダにおいてそれをどう論じたかは、ひじょうにスリリングな『存在論的、郵便的』をぜひ読んでもらいたいのですが、第七章で少し触れましょう（実際に読むのが面白くならないくらいに）。

ここではドゥルーズ＋ガタリの場合について、僕なりの解釈を示しておきます。

ドゥルーズ＋ガタリは、家族の謎を追求するのではなく、絵を描くでも社会活動でも何でも、具体的にアクションをしてみなさいと励ます思想だと説明しましたが、そこで重要なのは、それが無限のXに向かっていく、つねに欲求不満な活動として行われるのではなく、さまざまな活動がそれぞれに有限に、それなりの満足を与えてくれる、それなりに完結するものだということです。無限の負債を背負い、返しきれないもののために悲劇的な人生を送るのではなく、さまざまな事柄を「それはそれ」として切断し、それなりにタスクを完了させていく。ドゥルーズ＋ガタリはそういう気楽な人生を推奨していると僕は思います。いわば有限的喜劇です。

ひとつのXをめぐる人生というのは、いわば単数的な悲劇ですが、そうではなく、**人生のあり方をもっと複数的にして、それぞれに自律的な喜びを認めよう**ということです。後に説明しますが、東は、単数のXから「複数的な超越論性へ」という転換をデリダにおいて強調しました。

このように、**無限の謎に向かっていくのではなく、有限な行為をひとつひとつこなしていくという方向性**は、ある意味、近代以前に新たな価値を与えることだとも言えます。フーコーが晩年、古代に発見したような自己との関わり方がここにつながってくる。

そして、上級編として言えば、実はラカンは後期になると、空回り的人間像というよりドゥルーズ＋ガタリに近いような立場へと向かいました。見せかけである対象aを求めては幻滅するのを繰り返しているのを自覚するだけでなく、その自覚によっても結局消えることがない根本的な享楽を見つけ、享楽的なものとしての、そこに自分の存在がかかっているような「症状」を社会生活と両立させてうまくやりくりできるようにする、という精神分析になっていく。その人の特異性——先の言い方なら「存在の偏り」——であるような症状を、ラカンは「サントーム」と呼びます。サントームについては松本卓也『人はみな妄想する』を参照してください。

第六章　現代思想のつくり方

新たな現代思想家になるために

　ここまでフランス現代思想について、ポスト構造主義の代表者たるデリダ、ドゥルーズ、フーコーを中心に、精神分析との関係も含めて説明してきました。これで現代思想の基本的なイメージはつかめただろうと思います。

　この後は、二一世紀に入ってからの最近の展開、ポスト構造主義の後なので「ポスト・ポスト構造主義」と呼べるような展開についても少し説明したいと思います。そこではカトリーヌ・マラブーやカンタン・メイヤスーという新世代の思想家を紹介しますが、その前に、僕なりの総まとめとして、これまで紹介してきたフランス現代思想の面々がどういうふうに理論を組み立てているのか、いわば「フランス現代思想のつくり方」について、あえて図式的に考えてみたいと思います。

　それを説明することで、読者の皆さんは、現代思想を踏まえて新たな問題提起を行うことができるかもしれません。つまり、自分で現代思想的に問いを立てるための原理、さらに大胆に言えば、新たな現代思想家になるための原理を説明したいと思います。おそらくこういうかたちで現代思想を説明する入門書は他にないでしょう。

　ちなみにこの説明は、以前一橋大学で行われた哲学の方法論に関するシンポジウム（第一九回一橋大学哲学・社会思想学会シンポジウム「哲学研究の比較——方法・評価・教育の観点から」）で発表したことをベースにしています。その会は、分析哲学、哲学史、現代思想と、各分野の専門家がその方法的特徴を説明するもので、そこで僕は「フランス現代思想における議論の新規性とは何か」というタイトルで発表しました。

たとえばデリダが登場したとき、彼はどうやって自分の仕事を新しいものとして提示したのか。さらに、後で説明するようにマラブーはデリダの弟子なのですが、デリダに対してどうやって自分を差別化しようとしたのか。ただでさえ斬新な理論家として出てきたデリダに対し、マラブーがさらにみずからの新規性を主張するなんて、いったいどのようにやっているのか。

新規性とか差別化といった言い方はビジネスライクであまりよくないかもしれませんが、とはいえ、自分には他の人とは違う独自性があると主張しなければ学者だってやっていけないわけで、そこにはビジネス的な部分が実際あるわけです。

現代思想をつくる四つの原則

僕の仮説ですが、フランス現代思想をどうつくるかというとき、三つあるいは四つの原則を立てられると思います。それは、①他者性の原則、②超越論性の原則、③極端化の原則、④反常識の原則、です。四番目はやや付け足し的かもしれません。

順に説明しましょう。

①他者性の原則　基本的に、現代思想において新しい仕事が登場するときは、まず、**その時点で前提となっている前の時代の思想、先行する大きな理論あるいはシステムにおいて何らかの他者性が排除されている、取りこぼされている、ということを発見する**のです。これまでの前提から排除されている何かXがある。こういう言い方も品がないですが、「他者探し」をするのです。詳しくは後ほど具体例で説明します。

②超越論性の原則　広い意味で「超越論的」と言えるような議論のレベルを想定する。それは「根本的な前提のレベル」くらいに思ってください。第四章で説明したように、超越論的なものとはカントの概念です。復習しておきます。カントは、人間がものを認識し思考するときの前提として、人間の精神にはあるシステム、いわばOSがあり、それによって情報処理しているのだというようなことを『純粋理性批判』で論じました。そのOSをカントは「超越論的」と形容したのでした。カントにおけるこの意味をふまえて、何かある事柄を成り立たせている前提をシステマティックに想定するとき、それを超越論的なものと呼ぶのです。

現代思想では、先行する理論に対してさらに根本的に掘り下げた超越論的なものを提示する、というかたちで新しい議論を立てるのですが、その掘り下げは、第一の「他者性の原則」によってなされます。**先行する理論では、ある他者性Xが排除されている、ゆえに、他者性Xを排除しないようなより根本的な超越論的レベル＝前提を提示する**、というふうに新たな理論をつくるのです。

③**極端化の原則**　これはとくにフランス的特徴と言えますが、現代思想ではしばしば、新たな主張をとにかく極端にまで押し進めます。主張の核は、排除されていた他者性に向き合うことですが、それをひじょうに極端なかたちで提示する。**排除されていた他者性Xが極端化した状態として新たな超越論的レベルを設定する**のです。

④**反常識の原則**　そのようにある種の他者性を極端化することで、常識的な世界観とはぶつかるような、いささか受け入れにくい帰結が出てくる。しかし、それこそが実は常識の世界の背後にある、というかむしろ常識の世界はその反常識によって支えられているのだ、**反常識的なものが超越論的な前提としてあるのだ**、という転倒に至ります。

デリダ——原エクリチュール

その上で具体的に説明してみます。まずはデリダです。

デリダの場合、先行するものが言っていることに対し、いわば「逆張り」をする。ここで先行するものというのは、一方が優位、他方が劣位とされている二項対立で組み立てられた思考です。できる限り劣位の側を排除して優位の側で物事を組み立てていく、プラスを増やしていくことを目指すような思考です。デリダはそれに対し、プラスとマイナスの区別が本当に一貫して成り立つのか？　という疑問を向けます。そのとき、むしろマイナスの方に注目する。だから「逆張り」なんです。これが脱構築なのでした。そこで排除されていたのは「エクリチュール」という概念で言われる他者性です。

第一章の繰り返しになりますが、エクリチュールとは、真理から遠ざかり、ズレて誤解されるもののことですが、多くの場合、ズレや誤解をなくし、真理に近づいていくことが目指されるわけです。だけれど、どれほど努力しても、我々はズレや誤解、すなわち差異を排除することはできません。そうすると、そうであるにもかかわらず、それが排除できるかのように無理を言っていることになります。

このように、**実は世界は、根本的にはエクリチュール的な差異がいたるところにあるのにそれを否認している、ということを世界の超越論的な前提として発見する。そしてそれはいたるところにあるのだ、というかたちで極端化する。**

デリダはパロール（話し言葉）とエクリチュール（書かれたもの）を対立させ、人々がパロール的だと、つまり真理に近いと見なしているものであっても、決して純粋な真理ではありえず、つねにそこにはズレや誤解の可能性がある、すなわちあらゆるものには「原エクリチュール」という面がある、とします。

そうすると、たいていの場合、すべてを真理に近い関係にしていきたいという強い欲望が働いているのだけれど、それに対して、ズレや誤解、さらに言えば嘘や虚偽をなしにはできないということを受け入れ、多少なり濁った水で生きていくことこそがむしろ倫理的なのだ、という反常識的な帰結が出てくることになります。

ドゥルーズ——差異それ自体へ

続いてドゥルーズです。

ドゥルーズの場合、先行するのは、物事が同一性を持ち、これはこういうものだと定まっている世界です。さらにそこがプラス／マイナスによってヒエラルキー化されているという特徴づけを加えるとデリダっぽくなりますね。

そこから排除されているのは、デリダと共通することですが、ズレ、差異、生成変化です。そしてそういった**同一性の崩れこそが世界の超越論的な条件であるとする。しかもそれを極端化し、同一的なAとBのあいだの差異ではなく、「差異それ自体」が世界をつくっているのだ、という存在論が出てくる**ことになります。

デリダの場合は極端化によって原エクリチュール、ドゥルーズの場合は極端化によって差異それ自体に至るわけです（デリダにおける原エクリチュールとドゥルーズにおける差異それ自体というのは、ほとんど同じような概念だと言えます）。

レヴィナス――存在するとは別の仕方で

第一章でデリダと比較したエマニュエル・レヴィナスの哲学にも触れておきましょう。フランス現代思想の図式はレヴィナスにおいて一番明確かもしれません。

レヴィナスも大きく言って差異の哲学を提示した人ですが、差異よりも「他者」というキーワードで知られています。レヴィナスの哲学は「他者の哲学」です。ちなみに、補足しておくと、レヴィナスといえば他者、とあまりに言われすぎたので、それこそ逆張り的に、最近の研究者はレヴィナスのそうではない側面に光を当てる解釈を出すようになりました。とはいえ、それは上級の話で、まずはレヴィナスといえば他者と押さえておけばいいと思います。

レヴィナスはリトアニア出身のユダヤ人哲学者です。母国語はフランス語ではないのですが、フランスに住んでフランス語で哲学をしました。だから彼の使うフランス語はちょっと独特のものがあります。レヴィナスの主著は『全体性と無限』（一九六一）で、これはひじょうに内容豊富なのですが、ここではそのマクロな立場だけに注目します。それは、**哲学史は他者の問題を排除してきた、だから他者の方へ向かう哲学を考えなければならない**、という立場です。

最大の仮想敵は、ハイデガーの存在論です。ハイデガーは、物事がただ「ある」ということ、その「存在そのもの」をいかに思考するか、という極端に基礎的で、きわめて展開が難しい問題に集中した人です。そういう意味でハイデガーは哲学史の極みなのですが、ハイデガーは一時期ナチに加担したという事実があり、それとの関係で、ハイデガー存在論、ひいては西洋哲学史の道行き全体が帯びているある種の危険性を、ユダヤ人であるレヴィナスは告発することになります（レヴィナスはフランス軍に属し、ドイツに捕虜として捕らえられたのですが、そのため絶滅収容所に送られることは免れました）。

存在論は哲学の極みであり、存在することとそれ自体を考えるというところまで極まったら、それ以上の根本なんて考えようがない感じがするじゃないですか。だけれど、レヴィナスは、そこでなお、他者が排除されていると言うのです。というのは、すべて「ただある」という根本的な共通地平にすべての存在者が載せられてしまうことによって、抽象的な意味での共同性のなかにすべてが回収されてしまうからです。そこから逃れる術がもはやないような強制的な地平にすべてが載せられてしまう。このこととファシズムがつながってくるという話です。それは、存在論的ファシズムとでも言うべきものです。

もちろんこれはきわめて抽象的な意味でのことです。ただ、**哲学者がすごいのは、このような超抽象的なレベルにおける政治性を考えるところです。存在論という極端な抽象性に抵抗する、ラディカルな意味での他者性を考えなければならない。**そこでレヴィナスは、存在から始めるのではなく、他者との向き合い、他者との距離からすべてを始め直さなければならないという立場をとります。レヴィナスは「無限」であるような他者を超越論的な次元に置きます。これはひとつの極端化です。他者を「無限」と捉え、そして存在の地平を「全体性」と捉えるのです。

これはひじょうに強力な二項対立です。これに対してデリダは、純粋に絶対的な他者性というものはありえず、他者性は、同一性へと回収されていく運動との緊張関係においてしか問えないのだ、という脱構築的介入を行うことになります。これは『エクリチュールと差異』というデリダの論文集に入っているレヴィナス論、「暴力と形而上学」です。

その後、レヴィナスはもうひとつの大著で、ひじょうに大胆なキーワードを出してきます。それは著作のタイトルなのですが、「存在するとは別の仕方で」というものです。フランス語では「Autrement qu'être」、英語では「Otherwise than being」です。『存在するとは別の仕方で　あるいは存在することの彼方へ』(一九七四)という著作です。

存在という超抽象的な全体性の地平から、なお外れるような他者——ドゥルーズ的に言えば、存在の全体性から逃走線を引くこと——を考えたとき、その他者はいったいどのように「ある」のかが問われています。それはもはや「ある」とは言えない。なぜなら、「ある」と言ってしまったら、ただちに存在論に引き戻されることになるからです。

そこで、言葉に無理をさせる必要が出てきます。というか、こういうときに言葉に無理をさせるのが哲学者の面白いところです。「ある」というのは我々にとって根本的ですが、さらにそこから外れるものをかろうじてすくいとるために、存在するとは「別の仕方で」、「別様に」というふうに、**もはや副詞でしか言えないこと**を言おうとするんです。結果、「存在するとは別の仕方で」で止める、という無理やりの表現がつくられた。

こう言っては間違いなのですが、言ってみれば「オルタナティブな存在」みたいなものではある。だけれどもそれをオルタナティブな存在と言ってしまうと、存在論に回収されてしまうからダメで、「別の仕方で」と言うしかないのです。

こうなると哲学はほとんど、詩が行おうとするような、常識的な言葉遣いでは表現できないものを表現するという領域に踏み込んでいます。ただ、それはたんに曖昧なイメージ的なものではなく、確実にひとつの論理によって導き出された、概念としての表現なのです。通常の言葉の用法では表現できない抽象性の概念なのです。**ここが、哲学が数学とは**

違う仕方で到達する独特の抽象性の世界です。厳密に論理的に確定された概念なのだけれど、それを表現するには言葉に無理をさせなければならないということがある。

というわけで、簡潔ですが、本書でのレヴィナスの紹介はこのくらいに留めます。

四原則の連携

今の三人の紹介によって、四つの原則が実際どのように適用されるかがおおよそ理解できたでしょうか。こんなふうにまとめてみましょう。

①先行する議論は、安定的なものとして構造S_1を示しているが、そこからは他者性Xが陰に陽に排除されている。まずこのことに気づく。（他者性の原則）

②そこから、S_1は実は根本的な構造ではない、という問題提起へと向かう。S_1は根本的でなかったからXを排除せざるをえなかったのである。そこでS_1を条件づける構造S_2を考える。S_2においてようやくXが肯定される。（超越論性の原則）

③S_1にとってXは従属的、付随的だった。だが今や、Xが極端化され、Xこそが原理となるようなS_2を考え、それがS_1を条件づけると考えるのである。S_2を定式化するために、慣例を破って新たな概念をつくることもある。（極端化の原則）

④S_2を前面に押し出すと、常識と齟齬《そご》をきたすような帰結を生む。（反常識の原則）

ポスト・ポスト構造主義への展開

ここから先はより現代的な展開について説明します。「ポスト・ポスト構造主義」と言えるような段階です。代表的な二人として、カトリーヌ・マラブー（一九五九〜）とカンタン・メイヤスー（一九六七〜）を取り上げましょう。

ポスト構造主義は、諸々の二項対立を脱構築する一方、同一性と差異というより大きな二項対立を設定して、差異の側を支持するものでした。しかし、この本で強調してきたのは、その同一性と差異の大きな二項対立にもさらに脱構築がかけられていて、必ずしも「差異バンザイ」なのではなく、差異と「仮固定的な同一性」の共存が事実上問題にされているということです。ただ、そのように読まない人もいます。どちらかというと「差異バンザイだったからダメなんだ」というような批判をする人もいるのです。

二一世紀に入ってからの、西洋におけるポスト・ポスト構造主義の展開は、ポスト構造主義的な同一性と差異の二項対立をさらに脱構築するというかたちで展開していくものだと言えるでしょう。だけれど、僕の考えでは、日本現代思想には先駆的にそうした問題意識があって、独自の展開を遂げていました。ただ、西洋の人たちはその文脈を知りませんし、それとは別にさらなる脱構築を進めているということになります。

マラブー——形態の可塑性

この言い方には反感を持つ方もいるかもしれませんが、ポスト・ポスト構造主義の段階を説明するには、やはり「逆張り」という言葉が便利です。これまでの現代思想で是とされてきた「差異の方へ」という方向づけに対して、逆張りをする。つまり、同一性の側に何らかの肯定的な意味を持たせるということです。ただし、それは差異が重要ではないと言いたいのではなく、差異の思考をより押し進めるためにこそ同一性の側にもう一度注意を向けるという展開をとるのです。

その図式が一番明確に出ているのがマラブーでしょう。マラブーはデリダの指導によってヘーゲルに関する博士論文を書いた人で、マラブーにとっての主な先行議論はデリダです。デリダにおける、すべてはエクリチュール的であり、ズレ続けており、差異の運動である、ということが前提であり、それに対して、むしろ同一性を持つもの、マラブーの場合それを「形態」(フォルム)と言うのですが、形態の概念を改めて重視する必要がある、というふうに逆張りをするのです。

これは僕の解釈では、同一性の側にちょっと揺り戻しをかけるということだと思います。ただ、だからといって同一性こそが大事だというわけではなく、「形態を持ちつつの変化」を言おうとするのです。

マラブーは、それこそがデリダやドゥルーズの世代の議論よりも根本的な超越論的構造である、というふうに議論を展開します。そしてそこで**「すべては仮固定的に形態を持ちながらも差異化し変化していく」というようなタイプの差異概念**を提出することになり、それを「可塑性」（プラスティシテ plasticité）と呼ぶことになります。可塑性の概念については、『わたしたちの脳をどうするか——ニューロサイエンスとグローバル資本主義』（二〇〇四）がわかりやすいと思います。他の著作でもこの概念がつねに念頭に置かれています。

本書全体を通して、同一性と差異の大きな二項対立自体の脱構築ということで、「仮固定的な」という言い方をうまく使おうとしたわけですが、それはもともと僕の体質的な発想であると同時に、マラブーさんから学んだ面があると思います。というのは、僕はパリに留学してマラブーさんに師事したからです（パリ第十大学）。本書は、多少マラブー的な筋で全体的に説明しているところがあるかもしれません。

メイヤスー——絶対的な実在とその変化可能性

次にメイヤスーです。

メイヤスーについては次の章で改めて詳しく説明しようと思いますが、メイヤスーの場合もマラブー同様、すべてはエクリチュール的であり、差異であるというポスト構造主義の前提を相手取って、そこからの新たな展開を試みている哲学者です。そのとき、マラブーの場合には、可塑的な形態という、一種の「柔らかさの原理」を出してくるわけですが、メイヤスーの場合は、これまでの議論では考えられてこなかったような、より徹底的な同一性に向かう、という明らかな逆張りの立論なのです。

メイヤスーの場合、排除されていたものとは、**人間の解釈に左右されないただ端的に同一的に存在している物自体としての実在**です。その意味を人間がどう考えるかとまったく無関係に、ただそうあるようにある存在。ハイデガーにおける存在もやはり人間の意味理解との関係で問われていたところがありますが（詳細は略しますが）、それよりもさらにドライに残酷に切り離された端的な存在というのを言おうとするのがメイヤスーです。

それで、説明を端折りますが、そのような絶対的に同一的な実在を考えると、それはまったく無意味にただあるだけであって、なぜそのように存在しているかという理由がまったくないもの、ということになる。理由なしに存在する、というのは偶然的だということです。**絶対的な実在は絶対的であるからこそ偶然的であり、ならば、そのままのあり方で存在し続ける必然性はない。端的な実在は、ただの偶然で、いつでもまったく別のものに変化するかもしれない**、という帰結に至るのです。

これがメイヤスーの主著『有限性の後で』（二〇〇六）において言われていることなのですが、この図式だけで言うと、興味深いのは、すべては差異だという議論に対する逆張りとして絶対的同一性を持ち出すとき、その絶対的同一性を本当に絶対的に非人間的なものとして考えるがゆえに、同一的でありながら突然まったく別のものに変化するかもしれないという帰結になり、差異の哲学の新たな徹底という様相を呈するところです。

ですからメイヤスーの道行きは、ポスト構造主義の流れに反しているものでは全然ないのです。むしろポスト構造主義の前提に強烈な逆張りをかけることによって、ポスト構造主義のある種滑稽な反転像のようなものを打ち出しているのです。

今挙げたマラブー、メイヤスーという二人の例は、先ほどの四原則によって成り立っていたポスト構造主義の議論に対し、再び四原則を徹底的に適用することによって、新たな段階を生み出すものだと捉えられます。

このように本章では、とにかく肉をすべて取り払って骨格だけで現代思想のつくり方を説明してみました。これを応用することによって、何か新たな視点をつくることができるかもしれません。

補足すると、現代思想の研究では、自分自身が新たなメイヤスーになるようなことをする人はなかなかおらず、デリダなりレヴィナスなりのテクストの意味を再解釈するというのが通常です。ただそのときも、この図式に近いアプローチで研究がなされています。

先ほど少し言いましたが、レヴィナスはとにかく他者の哲学だと言われるわけですが、それに対してむしろそうではない部分、つまりある種の同一性の問題に注目する部分に光を当ててみるというような逆張り的なアプローチが可能です。

また、ドゥルーズに関しては、すべては差異であり、その差異がリゾーム的につながっているということが広く言われたわけですが、それに対し、より差異を徹底的に考えるならば「切断」や「無関係」が問題になる、というのが僕の『動きすぎてはいけない』での立論でした。それもこれまでのドゥルーズ像に対して先ほどの四原則を適用することで、別のドゥルーズ像を打ち出すというアプローチなのです（とはいえ、この四原則は後で整理したわけで、当初それを使って研究計画を立てたわけではありません）。

第七章　ポスト・ポスト構造主義

います。

二一世紀における現代思想

最後に、二一世紀に入ってから二〇一〇年代までの展開について、一章を設けたいと思います。

ドゥルーズが亡くなったのが一九九五年、その後デリダは二〇〇四年に亡くなりましたが、デリダの死をもってフランス現代思想の黄金時代は幕を閉じたと言ってよいのではないかと思います。それ以後、次世代の時代になりました。デリダの弟子であるマラブーはその一人ですが、なかでも有名になったのはメイヤスーで、その主著『有限性の後で』は二一世紀のフランス現代思想で最も議論を呼んでいる著作だろうと思います。

もう少し状況を説明すると、デリダ、ドゥルーズらと同世代でありながら、後になって再評価され、改めて読まれるようになった人たちもいます。

一人はアラン・バディウ（一九三七〜）です。バディウはとくにドゥルーズに対決姿勢をとり、この本で紹介したフランス現代思想の面々に対しては斜めに構える立ち位置だったのですが、数学の哲学とマルクス主義にもとづく独特の仕事が改めて注目されています。主著は『存在と出来事』（一九八八）という、集合論をベースにして存在論とそこからの逸脱――レヴィナス的に言えば、全体性を囲い込む存在論とその外部の他者性――を論じるものです。これは最近ようやく邦訳が出されました。

他には、フランソワ・ラリュエル（一九三七〜）やジャック・ランシエール（一九四〇〜）などです。ランシエールもバディウのように左翼の哲学者。ラリュエルは凝った文体を駆使して、「非哲学」（non-philosophie）なるものを掲げた人です。この後、ラリュエルの非哲学も紹介しましょう。その論理は日本での否定神学批判に似ているのです。

ただ、やや皮肉な言い方をすれば、かつてのスーパースターの陰に隠れていた人たちを引っ張り出しているわけで、それはフランス現代思想の研究業界を延命するためであって、多少いかがなものかという感じはしますが。

ついでに言えば、今日の大学では、ドゥルーズやデリダといった、かつてはアカデミズムからはみ出して「これは学問なのか」と人を当惑させるような最前線を切り開いていた人たちがすっかり古典化されてしまいました。デリダやドゥルーズをいかに「正しく」読むかという再アカデミズム化が大いに進行し、彼らを主題にした博士論文がごく真面目に書かれるようになっています。それがはたして現代思想の受け止め方、引き継ぎ方としてよいのかどうかは疑問なしとはしません。

思弁的実在論の登場

さて、二一世紀にはひとつ大きなムーブメントが起きました。それは「思弁的実在論」(Speculative Realism) というものです。その火つけ役がメイヤスーの『有限性の後で』で、フランスでの出版が二〇〇六年(デリダの死後ですね)、英訳が二〇〇八年に出ています。英語圏で爆発的に読まれたことが大きかった。

メイヤスー、レイ・ブラシエ、イアン・ハミルトン・グラント、グレアム・ハーマンという四人が、二〇〇七年にロンドン大学ゴールドスミス・カレッジで「思弁的実在論」と題したワークショップを開き、それによってポスト構造主義以後のひとつの方向づけが示されることとなりました。

四人の仕事は異なりますが、思弁的実在論というものは大きく言えば、**人間による意味づけとは関係なく、ただ端的にそれ自体として存在している事物の方へ向かう**、という方向づけです。意味よりも、それ自体としてあるものを問題にする新種の実在論が登場した。

その代表者がメイヤスーであることはすでに述べましたが、もうひとつ、「オブジェクト指向存在論」(Object Oriented Ontology, OOO) と呼ばれる潮流をつくったのがハーマンです。ハーマンは、**あらゆる存在者＝オブジェクトは根本的にバラバラであり、絶対的に無関係に存在していて、関係は二次的なものである**という主張をしています。

意味づけの外にある客観性

メイヤスーに関しては前章で大枠を示しましたが、改めて説明しましょう。

メイヤスーは、人間がどう意味づけるかに関係なく、ただ端的に存在している事物があり、そしてそれは一義的に何であるかを言える、つまり、唯一の真理として「これはこういうものだ」と言える、という主張をします。このとき、メイヤスーは数学を持ち出すことになります。数理的思考こそが、事物が何であるかを直接に言えるのだ、というのです。このように数学を持ち出すことが妥当かどうかは本書の範囲を超えますので、ここではメイヤスーはそう論じているのだというだけに留めさせてください。

自然言語（日本語や英語など通常の言語）による意味づけの外にあるような客観性は、数学的なものである。

このようなメイヤスーのポジションを現代思想の展開のなかで捉え直してみましょう。先ほどから出ている言葉ですが、「意味づけ」というのがキーワードです。

デリダ、ドゥルーズ、フーコーにおいて共通して問題とされているのは、「これが正しい意味だ」と確定できず、つねに視点のとり方によって意味づけが変動するという、意味の決定不可能性、あるいは相対性です。

ただし、これが言わんとするのは、決定不可能だから何も言えないということではなく、「物事は複雑だ」ということです。多義的、両義的だということです。

たとえばフーコーだったら、誰かが一方的に支配を受けているのではなく、むしろ被支配者が支配に加担している面があり、だから単純にどちらが悪いとも言いきれないような力学が複雑にある、というふうに、現実の複雑さを言っているのです。これは、どっちもどっちだから「どちらも悪くない」ということではありません。

ただ、こういう現代思想の傾向は単純化され、素朴な相対主義として捉えられることがよくあります。「物事はどうにでも捉えられる」とか、「そういう立場をとっていると歴史修正主義になる」とか、「「ポスト・トゥルース」と言われるような勝手な事実認識の押しつけや陰謀論を許容することになるのではないか」と言われたりするのです。

確かに現代思想は、そういった現代の困った現象を一刀両断に批判するものではありません。そうではなく、人間の思考・言語には、たとえば陰謀論にも至るような可能性がそもそもあるということをまず冷静に認めることから始めなければならないのです。だから「そういうものはよくないからなくしましょう」と単純には言えません。

人間はそもそも精神分析的に言っても「過剰」な存在であって、一定の意味の枠組みを離れて物事を別様に意味づけようとする傾向があるので、それが突拍子もないような妄想に展開することは人間の基本設定としてありうるわけです。

実在それ自体の相対主義

「人間は過剰である」という人間像が現代思想においてデフォルトなのだけれど、それに対して一部の常識的な批判者が、「ファクトが大事だ」、「どうにでも解釈できるのではない揺るがぬ客観的事実がある」という批判を向けるようになっています。そしてこれらと同時代的な、似たような批判として、メイヤスーらの実在論がある。

しかし、メイヤスーの議論はそういった「常識的に考えて歴史的事実はちゃんとある」というような話よりもっと深いところまで到達しています。

揺るぎない客観性は数学的だとされるわけですが、メイヤスーの場合は、事物を数学的に記述すれば世界の真理がわかるという話には留まりません。前章で述べたように、メイヤスーによれば、この世界がこのようにある、ということには必然性がなく、世界はたまたま、偶然的にこうなっているのであって、だから世界は突然別ものに変わるかもしれない。客観的世界は根本的な偶然性の下にある、という主張にまで進むのです。その極論によって初めて、世界がただ単なる事実としてある、ということが深く捉えられる。

この世界がこうであるということに必然性があるなら、世界には隠された存在理由があることになりますが、それ（「充足理由」と言います）をメイヤスーは消去し、完全に乾き切った「ただあるだけ」のこの世界を捉えるのです。そしてそれこそが自然科学的世界像を根本的に正当化する哲学的態度である、と考えるのです。

世界の意味を言おうとするのではなく、世界の今そうである限りでの設計をただ記述するのが数理である。かつ、記述される世界は何らそれを保証する根源的意味がなく、いつ何時、まったく別のあり方に変化してしまってもおかしくない。

自然科学の徹底的なドライさをちゃんと認めようとするがゆえに、世界の（自然法則のレベルでの）変化可能性という突拍子もない主張を同時に認めるよう求めるのがメイヤスーの面白いところです。この意味でメイヤスーは反常識的なのです。

フランス現代思想、あるいは悪い意味でのポストモダン思想は、「物事は相対的で、どうにでも言えると言っているから陰謀論を招き寄せてしまう。だから客観的事実をちゃんと追求しよう」などと言われるわけですが、メイヤスーにおいては、「確かに客観的事実というものはあるのだが、客観的事実の客観性を突き詰めるならば、客観的事実は根本的に偶然的なものであり、いくらでも変化しうる」という、より高次の、実在それ自体に及ぶ相対主義のようなものが出てくることになります。

現代思想では、物事の意味をひとつに固定せず、意味が逸脱し多様化することを論じるわけですが、それはメイヤスーにおいてさらに実在のレベルで徹底されているのです。メイヤスーは、ポスト構造主義の相対主義に対する逆張りによって、かえってより深い相対主義を提示している、とも言えるでしょう。

内在性の徹底――ハーマン、ラリュエル

他方、意味づけを逃れる「それ自体」を、個々バラバラのオブジェクトというあり方で言おうとするのが、ハーマンのオブジェクト指向存在論です。日本語では、『四方対象』(二〇一〇)でその立場を知ることができます。

ハーマンによれば、事物はひとつひとつ絶対的に孤独であり、それ自体に引きこもっている＝退隠している。それが本来の、第一次的なもののあり方で、関係というのは二次的で、現象的なものである。哲学では、それ自体の内にあるということを「内在性」と言いますが、ハーマンは、オブジェクトひとつひとつの内在性を徹底するのです。人間も、犬でも洗濯機でも、ひとつひとつが他からアクセスできない孤独な闇なのです。世界は闇だらけ。一面闇なのではなく、複数の異質な闇だらけなのです。これはいくらかレヴィナス的でもあると思います。

それ自体であること＝客観性へと向かうことが、世界はいつ変化するかわからないという主張になるメイヤスーの場合は時間的ですが、それに対しハーマンは、同時的に複数の引きこもったオブジェクトが散在している、という空間的な話になっている。あるいは、メイヤスーは垂直的、ハーマンは水平的、とも言えるでしょう。

ここでもう一人の人物を挙げたいと思います。最近再評価されているラリュエルです。ラリュエルは「非哲学」というプロジェクトを一九八〇—九〇年代に展開しました。非哲学とは何か。それは、これまでの哲学すべてに対して外部的であろうとする理論です。自然科学とも違います。独特の抽象理論です（ラリュエル自身は非哲学を「科学」と呼んでいるのですが、それは経験科学ではなく、いわば「思弁科学」でしょう）。

以下の主張がなされている著作は、まだ日本語訳がありません。フランス語および英語の ***Philosophie et non-philosophie***（『哲学と非哲学』、一九八九）などを参照して説明します。

ラリュエルは、哲学は「実在」を捉え損なっていると考えました。実在、それをラリュエルは「一者」と呼びます。哲学は、一者＝実在を捉えようとするのだが捉え損ねる。そのとき、無限遠点としてのXが想定され、それは「物自体」だったり「存在それ自体」だったりするわけだが、この「捉えようとするのだが捉え損ねる」という構造の外に、そのXとは区別されたものとして「一者」を置くのがラリュエルの独自性なのです。

すぐさま言えば、これは日本の観点から見れば、否定神学批判です。**哲学はつねに否定神学的Xを必要としてきたのだが、そういうものとしての哲学全体の外にみずからを位置づける**のがラリュエル、ノンフィロソファーなのです。

ちょっと上級編のコメント。古代ギリシア以来、「存在」と「一者」の関係づけはいろいろ議論になってきたのですが、二つを切り離すのがポイント。ラリュエル的には、「存在論」より「一者論」が先に立つ、というわけです。

一者とは実在であり、ただそれ自体に内在的であるとされます。

従来の哲学者は、内在を、超越との対立において語っているが、ラリュエルは「あらゆる二項対立の外部」という意味で、自分は絶対的な内在性を考えているのだ、と主張します。ラリュエルの一者は、内在vs.超越よりも手前にある。

ラリュエルは、哲学というものを、二項対立の組み合わせによって物事を論理的に意味づけることだと見ています（これはデリダと共通ですね）。そしてその外部に、ただただ内在的で、論理から逃れる一者＝実在を置く。一者＝実在とは、「秘密」なのだとも言われます。

しかし結局、ラリュエルはまた大きな二項対立をつくっているのではないでしょうか？次のような区別が導入されます。哲学的な二項対立、二元論はdualismと呼ばれ、それとは区別して、哲学全体とその外部の一者との対立はthe dualと呼ばれます。

うーん、どうでしょう。これは結局「哲学」なのでは……？

ここにも、第六章での「現代思想のつくり方」の分析を適用できます。先の原則をラリュエルに適用してみましょう（四番目は省略します）。

①**他者性の原則**　ラリュエルは、哲学全体が二項対立によって一者＝実在という他者性を排除している、と考える。

②**超越論性の原則**　二項対立に依拠する哲学全体に対し、それを条件づける新たな超越論的レベルとして一者＝実在を置く。

③**極端化の原則**　一者＝実在は徹底的に内在的であり、そのことを理論化するのは、哲学の外部に出ることだから「非哲学」なのだ、とまで極端に言う。それを表現するために、二項対立から逃走するような文体を開発する（ゆえにラリュエルの文章はかなり読みにくい）。また、その内在性は「秘密」と言い換えられる。

この図式にきれいに収まっていると思います。

ともかく、二項対立による意味づけの外部を形式的にピュアに考えようとしたという点で、ラリュエルの仕事は思弁的実在論の先駆と言えると思います。メイヤスーの場合の、それ自体として偶然的にあるだけの世界、その「それ自体」というステータスはラリュエル的内在性であり、まさに「秘密」だと言えるでしょうし、ハーマンにおける互いに無関係なオブジェクトについても同様に言えるでしょう。

複数性の問題と日本現代思想

ここでデリダに戻ってみます。

一方で、二項対立を組み立てることでひとつの意味を固定しようとするのが常識的思考です。たとえば「大人は優柔不断であってはいけない」といったもの。そこでは暗に子供的なあり方や、決断が揺らぐことが排除されています。そこに揺さぶりをかけると、「いや、別に優柔不断でもいい」、「必ずしも強い決断をすることがプラスとは限らない」といったことが出てくる。そういう揺さぶりをかけるのが脱構築的思考なのでした。

思考は二項対立を操作しますが、結局、物事は絶対的には捉えきれないので、つねに我々はそれ以外にない結論には達することができず、空回りのように議論を続けることになります。このとき、意味づけ＝解釈が多様でありうるために、我々はつねに捉えられないXの周りをめぐり続けている、という描像が浮上してきます。

つまり、第五章で説明した否定神学的Xですね。人間の思考は二項対立をいろいろ使って、否定神学的Xの周りをめぐり、それを捉え損ない続けているという、コミュニケーションの実態が浮かんできます。デリダはそのように、つねに誤解されズレ続けるものとしてコミュニケーションを捉えていました。

デリダや、一時期のドゥルーズもそうなのですが、そのように否定神学的Xをめぐって意味づけが失敗し続けるということ自体を図式的に取り出したのが現代思想の重要な仕事なのです。それに対しメイヤスーは、「いや、一義的な意味づけは可能であって、それは数学によって可能なのだ」と、次なる一歩を踏み出すことになります。メイヤスーが行っていることも一種の否定神学批判だと見ることができます。

現代思想には、六〇年代後半に否定神学システムが意識される段階があり、その後、ひとつのXをめぐるのではなく、より分散的で複数的に諸関係を展開していくという向きに、デリダやドゥルーズは議論を展開することになりました。

繰り返すならば、ひとつのXをめぐる空回りを人間の運命として最も強く言ったのはラカンです。**現代思想において、ラカンは否定神学的思考の王であると言える。**捉えられない何かを捉えようとするというのは、発達論的には、母親が自分のもとからいなくなってしまうという根源的な欠如を埋めようとすることです。それに対し、親子関係にすべてを集約するのではなく、より広大な社会や事物との関係へと思考を開いていこうとしたのがドゥルーズ＋ガタリなのでした。デリダもドゥルーズ＋ガタリも、ラカンに対してどう距離をとるかが大きな課題で、ひとつの欠如をめぐって意味作用が展開するというのではない方向に向かいました。東浩紀の『存在論的、郵便的』はそのことを明確化しています。そして東は、単数の否定神学的Xから「複数的な超越論性」へ向かう、という方向づけを示しました。

ここで「超越論性」という概念は、人間のあり方を条件づける抽象的なレベルという意味で、それが単数の欠如なのか——ひとつの穴をめぐって人生が展開される——、そうではなく複数的なものなのか、ということです。では、複数的なものというのをどう考えるべきかというのは、開かれた問題だと思います。

他方で、メイヤスーやマラブーは、デリダやドゥルーズがラカン批判を通して複数的なものを問題にしたということを重視していません。複数性への着目は、日本現代思想に特徴的なことです。フランスにおける新世代は、デリダやドゥルーズを否定神学システムに寄せて捉え、複数性が言われる文脈もそこに含めてしまい、それに対して自分独自の新たな外部性を提示する、というかたちになっていると思います。

有限性の後での新たな有限性

そうすると、日本現代思想における複数性という論点と、思弁的実在論における解釈の相対性を超えた実在という話はつながりうるのか、という問いが出てきます。これはひじょうに難しい問いです。それに直接答えられるかどうかはともかく、最後にもう一段話を展開してみたいと思います。

メイヤスーの本は『有限性の後で』というタイトルですが、そこで言われている有限性というのは、フーコーが『言葉と物』で問題にした近代的有限性であり、ということは、東が言うところの否定神学システムです。すなわち、人間は神に比べてできることに限度があるという意味ではなく、人間は、本質的に捉えきれない何か＝否定神学的Xをめぐって翻弄され続けるという意味での有限性です。その上でメイヤスーは、数学によって、事物を客観的に捉えられると言った。Xをめぐる思考の空回り、それは、意味づけの無限化を運命づけられるという有限性であり、メイヤスーが言おうとしているのは、そうした有限性からの脱却です。すなわち、一定の事実認識が成立するということですが、その事実自体がいくらでも変化しうるというかたちで新たな無限性が提示される。

ここで僕が論じたいのは、近代的有限性の後に再登場するもうひとつの有限性です。

再びフーコーに登場してもらいましょう。フーコーはなぜ古代に回帰したのか。

第三章で説明したように、『性の歴史Ⅳ』によれば、アウグスティヌスが人間の心に解消しきれない罪責感をインストールすることで無限に反省を強いられる主体を定立したのでした。この罪責感、つまり原罪とは、まさしく否定神学的Xです。キリスト教の主体化は、まさしく否定神学的主体化です。そこでフーコーは、それ以前の、言ってみれば無限には反省しなかった時代の人たちに一種の可能性を見ることになる。

セネカのようなローマの賢人たちは、何か過ちを犯してもそれを根源的な罪としては捉えず、一日の終わりに日記を書いて反省して、「もうやらないようにしよう」と自分に言うだけだった。フーコーは『性の歴史Ⅳ』で次のように書いています。

それは、彼が毎晩、ひとたびすべての明かりが消えた後で、眠りにつく前に行う検討である。ここで問題となるのは、その日一日の調査を、起こったことの全体を「精査」しつつ行うことである。彼は、自分の行為と自分の言葉をとり上げ直し、それらに評価を下す。(……)しかし、そうした調査が、断罪や罰へと導くわけではないことに注目する必要がある。懲罰もなければ悔恨さえもない。したがって畏れもなく、何であろうと自己自身に対して隠すことを望んでもいない。実際、自分を検討する者は、自分に対してただ単に次のように言うだけである。「私は今、君を許す」、「二度と繰り返さぬよう気をつけよ」、と。つまり、モデルとなっているのはおそらく、司法というよりもむしろ行政なのだ。テクストに潜むイメージは、法廷よりもむしろ監査を思わせる。精査、検討、探知、再評価がなされるのである。

（フーコー『性の歴史Ⅳ　肉の告白』フレデリック・グロ編、慎改康之訳、新潮社、二〇二〇年、一五八―一五九頁）


こうしたローマの思想については『主体の解釈学』（二〇〇一）というコレージュ・ド・フランス講義で集中的に論じられていて、大変面白いのでぜひ参照してみてください。

ここに興味深い有限性があると思うのです。法的なものではなく、行政的であり監査的であるとされる反省の形態は、無限に深まって泥沼になることがない。そのような意味での無限批判がここにはある。すなわち、**謎のXを突き詰めず、生活のなかでタスクがひとつひとつ完了していくというそんなイメージの、淡々とした有限性**です。主体とはまず行動の主体なのであって、アイデンティティに悩む者ではないのです。

複数的な問題に有限に取り組む

フーコーが示すこのような古代的あり方を、僕は、否定神学システムから複数性の方へと向かうとはどういうことかの解釈として捉えています。

日々我々は問題解決を行っているわけですが、それは何か巨大な、運命的な謎なのではなく、その都度のアドホックな「問題」です。ここで言葉選びが悩ましいところなのですが、仮に「問題」と言おうと思います。問題というキーワードはドゥルーズも『差異と反復』において重視しているもので、ドゥルーズが肯定するような生成変化し続ける人生も、つねに問題と出会い続ける過程として捉えられています。

問題は、複数的なのです。

ここで重要なのは、諸々の問題は必ずしもひとつにつながるわけではない、ということです。もちろん関連する問題はあるけれど、すべての問題がつながってダマになってしまうとき、人は途方もないアイデンティティの悩みで閉塞状態に陥り、何もできなくなってしまう。問題は分割して一個一個解決しなければならないというのはデカルトも言うところですが、まさにその巨大な謎、巨悪が立ち上がらないように、個別に物事にアプローチするということこそが、複数性へという方向づけの意味なのではないでしょうか。

単数の否定神学的なXへと集約せずに、複数的な問題にひとつひとつ有限に取り組むことになる。以上のようにフーコーを援用して考えるなら、このような有限性はポストモダンであるというより、近代的有限性よりも手前の、古代的なものです。あるいはそれでもポストモダンという言葉を使うなら、いわば「古代的ポストモダン」なのです。

世俗性の新たな深さ

僕は『ライティングの哲学』などで、ある種のタスク処理や仕事の哲学を語っています。それは、神経症的な完璧主義にがんじ搦めになって仕事が進まないのをどうするかという話なのですが、大げさに言えば、これは近代的有限性、あるいは否定神学的な心のあり方をどうするかという問題なのです。必要なのは、個別の問題に向き合うことです。『ライティングの哲学』では、アウトライン・プロセッサによる箇条書きでどんどん切断的に思いつくことを書いていって、全体を統合しようとせず部分部分で物事に対応していく、といったライフハックを説明しています。これは一例にすぎず、これがベストだというわけではありませんが、僕ならばこうした方法で古代的ポストモダンを生活に実装しようとしてきたわけです。

これはひじょうに世俗的な話です。できる限り悩まないというわけですから。どうしようもなく悩むことが深い生き方であるかのような人間観が近代によって成立し、それがさまざまな芸術を生み出したわけですが、そこから距離をとり、世俗的に物事に取り組んでいくことは、人間が平板になってしまうことなのでしょうか？　そうではありません。むしろそのような世俗性にこそ、巨大な悩みを抱えるのではない別の人生の深さ、喜劇的と言えるだろう深さがあるのではないでしょうか。

問題に取り組むというのは、ただ解釈をこねくり回しているのではなく、実際にアクションをし、ほんの少しでも世界を動かそうとすることです。そこで動いているのは何か。思考だけではありません。身体が、事物が、物質が動いているのです。個々の問題にはもちろん困難なものがあり、それはストレスを強いるわけですが、その苦しみを無限の悩みから区別する。

そういう意味において、メイヤスーが示した、無限の解釈ではなく事物それ自体へという方向性は、僕がフーコーから抽出した、古代的な＝オルタナティブな有限性を生きるという生き方と関係してきます。

オルタナティブな有限性とは、行動の有限性、身体の有限性に他なりません。

こうして、ただそれ自体であるものへと向かうポスト・ポスト構造主義の議論は、複数的なものへと向かう日本現代思想と合流することになります。

ひとつの身体が実在する。そのことに深い意味はない――メイヤスーの絶対的偶然性の哲学は、おのれの謎＝Xをめぐるアウグスティヌス的無限反省のその手前へ、というフーコーの方向性と密かに共鳴している。メイヤスー的に言えば、この身体はいつまったく別のものになるかもわかりません。古代中国で荘子が夢に見たように蝶になるかもしれない。身体は故障するし、病むし、老いていき、いつか崩壊して他の物質と混じり合う。メイヤスーはその生成変化よりもラディカルに、突然蝶になったっておかしくないとまで考えた（そのときには、今の世界から、私が蝶であるような世界へと、世界全体が変化する）。そうだとしても、というかだからこそ、今ここを生きるしかないのです。私がこのようであることの必然性を求め、それを正当化する物語をいくらひねり出してもキリがありません。今ここで、何をするかです。今ここで、身体＝脳が、どう動くかなのです。

身体の根底的な偶然性を肯定すること、それは、無限の反省から抜け出し、個別の問題に有限に取り組むことである。

世界は謎の塊ではない。散在する問題の場である。

底なし沼のような奥行きではない別の深さがある。それは世俗性の新たな深さであり、今ここに内在することの深さです。そのとき世界は、近代的有限性から見たときとは異なる、別種の謎を獲得するのです。我々を闇に引き込み続ける謎ではない、明るく晴れた空の、晴れているがゆえの謎めきです。

付録　現代思想の読み方

読書はすべて不完全である

本章は、付録として、「いかにも現代思想的な文章」をどのように読むか、そのコツをレクチャーしたいと思います。

専門家の立場としては、現代思想の細やかなレトリック（文章の技法）を楽しみ、深く読めるようになってほしいのですが、でもそれより、徹底的にハードルを下げることが最優先だと思います。

細かいところは飛ばす。一冊を最後まで通読しなくてもいい。読書というのは、必ずしも通読ではありません。**哲学書を一回通読して理解するのは多くの場合無理なことで、薄く重ね塗りするように、「欠け」がある読みを何度も行って理解を厚くしていきます。プロもそうやって読んできました。**

そもそも、一冊の本を完璧に読むなどということはありません。改めて考えてみると「本を読んだ」という経験は、実に不完全なものであると気づきます。たとえ最後まで通読しても、細部に至るまで覚えている人はいません。強く言えば、大部分を忘れてしまっていると言っても過言ではない。どんな本でしたかと言われて、思い出して言えるのは大きな「骨組み」であり、あるいは印象に残った細部です。これはプロでも同じことです。**不完全な読書であっても読書である、というか、読書はすべて不完全なのです。**こうしたことが、ピエール・バイヤール『読んでいない本について堂々と語る方法』（ちくま学芸文庫）で真面目に論じられているので、ぜひ読んでみてください。

また、たくさん本を読まなければならないというプレッシャーから、速読に憧れるかもしれませんが、速読法は意味がないと思っていいです。自分に無理のないスピードで読書の経験を積んでいくことで、読むのは自然と速くなるのです。超人的なスピードにはなりません。月に何百冊などと豪語するものがありますが、ありえません。ありえないというか、その冊数は飛ばし読みだということで、ポイントだけつまみ食いするのなら百冊も可能かもしれない。ですが、ある程度ちゃんと読むなら、人間の生物的限界としてそれは無理だと思ってください。

現代思想を読むための四つのポイント

というわけで、現代思想をどう読むかですが、いくつかポイントがあります。

①概念の二項対立を意識する。
②固有名詞や豆知識的なものは無視して読み、必要なら後で調べる。
③「格調高い」レトリックに振り回されない。
④原典はフランス語、西洋の言語だということで、英語と似たものだとして文法構造を多少意識する。

今回はとりあえずこの四つを挙げたいと思います。

原文の構造を英語だと思って推測する

まず、大前提の問題である④から説明させてください。

大前提として、フランス現代思想の文章は本来フランス語です。僕のような研究者はフランス語を学んでおり、原文が文法的にどうなっているかを日本語の翻訳文から透かし見ることができるため、「この訳し方はどうもな」とか思いながら、オリジナルを予測し、「予測的な訳し直し」をしながら読むことができます。

のっけからハードルを上げてしまうようで恐縮ですが、現代思想に限らず、翻訳ものを読むときには言語の知識があるとひじょうに役立ちます。翻訳された文章が読みにくい場合、それは元の言語の特徴が出ている場合がある。なにやら難解そうなので深読みしたくなるような部分でも、実はたんに「フランス語的な書き癖」にすぎず、深い意味はない、ということが多々あるのです。

フランス語を学ぶのは大変なわけですが、その必要はありません。日本で育った人なら英語教育は受けています。フランス語の構造は英語によく似ています（ドイツ語よりも英語に近い）。英語と日本語の違いは、たとえば英語には必ず主語と動詞があるとか、関係代名詞節があるとか、そういうのはわかりますよね。フランス語でも基本的にそうなっているので、**原文の構造を英語だと思って推測**してください。

その上で、フランス語の特徴をひとつだけ言っておきます。フランス語は、英語に比べて、運用するために最小限必要な語彙の数がやや少ないと言われています（また、英語とフランス語よりも日本語の方が多い）。そのため、一単語の多義性を駆使する傾向があるようです。**どこか抽象性が高いようなフランス語文のカッコよさは、相対的に少ない語彙でいろんなことを言おうとするから生じる効果だと思われます。**

かつ、哲学思想の文章は、日常的な文章よりさらに語彙が限定されます。抽象的に見えるのは、深遠な内容だからというより、語彙の限定のせいでそうなっている面もあるというのを知っておくといくらか気楽になるかもしれません。

レトリックに振り回されず、必要な情報だけを取り出す

次に③、「格調高い」レトリックに振り回されない、ということ。まず今言ったことですが、フランス語では大した内容でなくても語彙の抽象性のせいで格調高く聞こえるときがあります。なので、大きな方針として、もっと日本語的に「俗っぽく」読んでしまおう、というスタンスで臨むとよいでしょう。

格調高いというのは「形式張っている」ということ。**古典を意識した文章にはお決まりのレトリックがいろいろあり、何を言うかより、まずその古臭い「カタ」があって、カタにはめるかたちで言いたいことを出していく、というかカタにはめるために言いたいことをわざと大げさに膨らませたり、大して本質的でないお飾り的な文を増やしたりすることがあります。**これは「科学」とは大いに異なります。必要な情報だけを伝えるのが科学的な文章ですが、人文系の文章は古くは「弁論術」に由来し、人を説得するための技術がいろいろ含まれた文章なのです。

弁論のレトリックとは、たとえば、言いたいことを強く押し出すためにそれと対照的に何かをわざと否定してみせたり、雰囲気を盛り上げるために同じことを違う言い方で繰り返したり……などです。人文系の本というのは、昔のものになるほどそういう傾向が強いということを知っておいてください。ですので、**必要な情報だけを「科学的」に取り出してしまう**、という読み方をお勧めします。とはいえ、上級の読み方としては、水増し的なレトリックにも深読みすべきニュアンスがあったりするので、本当はそこも無視はできないのですが（デリダのような人は微細なレトリックを分析する読み手なのです）、初心者においては略して読んでしまっていいと思います。

固有名詞や豆知識を無視する

そして②、固有名詞や豆知識的なものは無視して読む。昔の知識人は、教養を自慢するみたいに固有名詞をあれこれ出しながら話を展開します。そういう知識を「当然、知ってますよね」という「教養の共同体」が前提になっていて、昔は、読書によってその暗黙の前提がプレッシャーになり、もっといろいろ勉強しなければ、と思わせられたのです。しかし、初心者においては、細かい固有名詞は無視してかまいません。

重要なのは、**主なストーリーと、それを補うサブの部分を区別して読む**ことです。いろいろ固有名詞を出して複雑そうな話をしているところが大事なのではなく、たいがいそういう部分はサブです。主なストーリーの方はシンプルなのです。

概念の二項対立を意識する

そして、一番大事なこと。それが①で、**概念の二項対立を意識する**ことです。主なストーリーは二項対立で組み立てられています。枝葉末節をあまり気にしないで、**著者は対立するAの側とBの側にどういう言葉を割り振り、その両側の関係をどう説明しているのか**を捉えるのです。それが主なストーリーの読解です。

ここで補足ですが、本書は、デリダの思考法である「二項対立の脱構築」を紹介し、ぜひ応用してみようという話だったわけです。**しかし、読書をするときには、まずは二項対立の脱構築はしないでください。著者が設定している二項対立をただなぞる。概念の地図を描く。つまり、読みながらツッコミを入れないということです。**途中でツッコミを入れ始めると、端的に言って、読めません。たんにデータをまるごとダウンロードするような意識で読んで、脱構築的なツッコミをするならそれは後の段階です。これは人の話を聞くときでもそうで、まずは、ただ聞くのです。脱構築はその後。

ケース1：「なんかカッコつけてるな」

よろしいでしょうか。以上がポイントです。では、具体例を見ていきましょう。

まず、第二章で引用したドゥルーズの文章。

同一性は最初のものではないということ、同一性はなるほど原理として存在するが、ただし二次的な原理として、生成した原理として存在するということ、要するに同一性は《異なるもの》の回りをまわっているということ、これこそが、差異にそれ本来の概念の可能性を開いてやるコペルニクス的転回の本性なのであって、この転回からすれば、差異は、あらかじめ同一的なものとして定立された概念一般の支配下にとどまっているわけがないのである。

これをどう読むか。

「同一性は最初のものではない」、これはまあいいでしょうね。「最初のもの」というのは、たとえば「第一」とかに頭のなかで置き換えてしまうとスッキリします。「同一性が第一なのではない」と。そして次の文は、こんなふうに簡単にする。「同一性は確かに原理ではあるが、二次的な原理であり、派生した原理である」。ここの「生成した原理」には傍点が付いていることもあって、「生成って何よ?」と疑問が生じるかもしれない。僕の考えでは、そんなに深い意味はないです。たとえばここで、「むむ、これはドゥルーズのいわゆる「生成変化」のことか?」とか思っちゃったりするのがビギナーで、そういう深読みを始めると迷宮入りします。ここでは、「生成した↓生じた」くらいだな、「最初のものではない、生じた」ということは、「後でできたもの」くらいだな、と読むべきなのです。「同一性とは後でできたもの、第一ではない=第二の、つまり二次的な、派生的な原理である」というふうに読めることになります。

そして「要するに同一性は《異なるもの》の回りをまわっている」ですが、こういうのは、「ああ、なんかカッコつけてるな」という第一印象を持つのが大事。ここでは「同一性」と「異なるもの」(差異)という抽象概念を扱っていますが、抽象概念が抽象概念の「回りをまわる」なんてことはないので、それは喩え的、イメージ喚起的な表現であって、つまりレトリックだ、と理解すべきです。何かが中心にあり、その「回りをまわって」いるというのは、後者が二次的、派生的だということで、そういう主従関係を言っているだけです。ですからここは、「同一性は差異に従属している」と読めばよいのです。差異>同一性、という主従関係で考えることが、「差異にそれ本来の概念の可能性を開いてやる」ことなのだ、と。

その後「コペルニクス的転回」というのが出てきますが、これは哲学史の豆知識で、カントの哲学は「コペルニクス的転回」だと言われるのですが、そのことを知っていないとわかりません。「ああ、なんか豆知識だろうな」と思って飛ばしてください（同一性は不動なのではなく、差異の「回りをまわっている」というのが、地球が太陽の「回りをまわっている」というコペルニクスの地動説に対応するのですが、ここでは差異＞同一性という主従関係がわかればいいのです）。ともかく、何かそれは「転回」であって、考え方の転回？　考え方を変えること？　であって、そうすると「この転回からすれば、差異は、あらかじめ同一的なものとして定立された概念一般の支配下にとどまっているわけがない」というのが結論。

さてこの文はすごく硬質です。この部分には、初心者向けの切り抜け方と、上級者向けのちゃんとした理解の二パターンがあると思います。

初心者向けなら、まあ細かいことは抜きにして、「差異は、同一性の支配にはとどまっていない」くらいでまあいいや、にしてしまいましょう。要するに、差異＞同一性だということです。

しかし上級者なら、ここにはやや難しい思考があることがわかる。この文を切り詰めると、「差異は、概念一般の支配下にとどまっているわけがない」となります。言い換えるとこれは、「差異は概念では捉えられない」ということです。しかし条件がありま す。ここでの「概念」には、「あらかじめ同一的なものとして定立された」という条件が付いている。ひとつの同じものとして固定された――「定立」は「固定」くらいにしてしまいましょう――概念では差異は捉えられない、ということになる。しかし、概念というのを「ひとつの同じものとして固定」しないなら、そんな概念を思考することはできるだろうか？　もはやそれは理性的な思考の範囲外ではないのか？　差異は、概念的に「差異とは何々だ」とは言えないものなのだ、という話なのですが、ここでは、通常の概念的思考の外部を思考する、という無茶に思えることが要求されているのです。

ともかく、ここでの主なストーリーは、同一性は二次的、派生的であり、差異＞同一性だ、ということです。それがつかめれば十分です。

以上、ごく短い引用箇所ですが、けっこう読み方をいろいろ言えるわけです。

ケース2：「カマし」のレトリックにツッコまない

別の例を挙げましょう。同じくドゥルーズで、これは本書では挙げていませんが、『批評と臨床』の第一章「文学と生」からの引用。

書くことは、生きられた素材にある形態（表現の）を押しつけることではもちろんない。文学とは、ゴンブロヴィッチが言いかつ実践したように、むしろ不定形なるものの側、あるいは未完成の側にある。書くことは、つねに未完成でつねにみずからを生み出しつつある生成変化にかかわる事柄であり、それはあらゆる生き得るあるいは生きられた素材から溢れ出す。それは一つのプロセス、つまり、生き得るものと生きられたものを横断する〈生〉の移行なのである。エクリチュールは生成変化と分かち得ない。書くことによって、人は女に－なり、動物あるいは植物に－なり、分子に－なり、知覚し得ぬものに－なるに至る。

（ドゥルーズ『批評と臨床』守中高明・谷昌親訳、河出文庫、二〇一〇年、一二頁）

これは書き出しの部分で、この冒頭でいきなりゴンブロヴィッチという固有名詞が出てくると構えてしまう人もいると思うのですが、これも豆知識であり、サブの部分で、無視すればいいのです。簡単に書き換えてみましょう。

書くことは、人生で経験することに無理にかたちを押しつけることではない。文学とは、不定形、かたちが定まらないもの、未完成なものなのだ。書くことは、つねに未完成で、起きている途中の生成変化に関わるのであり、それはあらゆる素材から溢れ出す。それは一つのプロセス、つまり、あらゆる経験を通り抜ける「生の移行」なのである。エクリチュール＝書くことは生成変化である。書くことによって、人は女に－なり、動物あるいは植物に－なり、分子に－なり、知覚し得ぬものに－なる（ここでの「なる」というのは生成変化のこと）。

だいたいこんな感じに読むことになります。細かいことですが、最初の文に見られる「もちろんない」の「もちろん」はただの強調で、ここから話が始まるのにいきなり「もちろん」と言われても前提を共有してないし、と思うかもしれませんが、こういうのはまあ、格調高い文章によくある「カマし」のレトリックであって、自分が主張したいことを「もちろん」とか「当然」とか「他ならない」とか言うことに深い意味はありません。そこにいちいちツッコまないのが大事です。で、次のゴンブロヴィッチは小説家で、知っていればいろいろ連想するかもしれませんが、まあ無視。

「つねにみずからを生み出しつつある生成変化」というのは、日本語では普通言わない「再帰表現」です。英語だと「動詞 oneself」という形式で（これを中学高校の英語から推測できてほしいのですが）、文字通りに読むと小難しく思えますが、「それ自身が発生している途中」→「起きている途中」という感じです。この部分のように、日本語に翻訳された文ではありますが、理解するにはやはり西洋語の文法感覚がある程度必要です。

「生き得るあるいは生きられた」という表現ですが、こういう対になる表現（対句的表現）は、格調高い、古典を意識した文章ではよく見られるので、こういうものを難しく考えないのが大事。「生き得る」の「得る」というのは、可能性としてそれを生きることがあるかもしれない、という意味で、可能性のことです。「生きられた」は、可能性ではなく、現実に、実際に生きた、ということ。ですからここでの対は、可能性／現実です。可能性と現実を合算したら、要するに「全部」です。何かを生きるというのは「経験する」ことで、ならば、言いたいのは「あらゆる経験」ぐらいのことです。

主なストーリーは、だいたい次のような感じです。

書くこと、文学とは、つねに未完成な生成変化だ。それは生のプロセスである。書くことによって、人は女に - なり、動物あるいは植物に - なり、分子に - なり、知覚し得ぬものに - なる。

ここにはひとつの文学観が出ていますね。完成を目指さない文学。すべてが途中であり、プロセスをそのまま書いてしまう文学……というのは僕も影響を受けているのですが、この部分だけでも、何かを書こうとするときにヒントになると思います。もしゴンブロヴィッチが気になるとしたら、以上のような理解の上で、その作品を調べればいいのです。

ケース3：お飾りを切り詰めて骨組みだけを取り出す

さらに抽象度の高いものを見てみましょう。抽象概念が連続で出てきたら、二項対立を意識する。以下は『差異と反復』の結論部の冒頭です。

差異は、表象＝再現前化の諸要請に服従させられているかぎり、それ自身において思考されていないし、それ自身において思考される可能性もない。〈差異は「つねに」それらの要請に服従させられていたのか、そうだとすればどのような理由で〉という疑問は、当然注意深く検討してみるべきものである。しかし、純然たる齟齬するもの、たちが、わたしたちの表象＝再現前化的な思考には近づくことのできない或る神的な知性の天上の彼岸を、あるいは非類似の《大洋》の、わたしたちには測深できない手前にある冥府を形成しているということも明らかである。いずれにせよ、それ自身における差異は、その差異を思考されうるものに仕立てあげてしまうような、異なるものと異なるものとのあらゆる関係を拒絶するように思われる。まさしく思考されうるものへと、それ自身における差異が生成するのは、飼い馴らされる場合、すなわち、表象＝再現前化の四重の首枷——概念における同一性、述語における対立、判断における類比、知覚における類似——に服従させられる場合でしかないと思われる。フーコーがかくも鮮やかに指摘したように、表象＝再現前化の古典主義的世界が存在するのであれば、その世界は、それの尺度となりそれの座標軸となるそれら四つの次元によって定義されることになる。

（ドゥルーズ『差異と反復』下、財津理訳、河出文庫、二〇〇七年、二四六—二四七頁）

いかがでしょうか。これは『差異と反復』では比較的難しくない方なのですが（と言ってどうお感じになるかわかりませんが）、かなりお飾りが多く、言っていること自体はシンプルです。要するにこうです。

差異は、表象＝再現前化に服従されられている状態では、それ自身において思考されていない。表象＝再現前化する思考の向こう側に、それ自身における差異がある。差異が思考されるのは、表象＝再現前化の四つの条件によって縛られる場合だ。フーコーは「表象＝再現前化の古典主義的世界」を説明した。

ここで重要なのは、差異それ自身vs.表象＝再現前化という二項対立が設定されていることで、この後出てくる語彙は、そのどちらかのサイドに振り分けられます。なお、「表象＝再現前化」のようなイコールの表記は、単語の多義性を表しているもので、「表象」か「再現前化」のどちらかをネットで検索すれば、representation であることがわかります。そのくらいは調べる必要がありますね。

次の、「〈差異は「つねに」それらの要請に服従されられていたのか……」というのは、まあ、飛ばします。ここは、「確かに（なるほど）Aである、しかしB」というレトリックで、このAの疑問文は、疑問として本質的なものではなく、Bを強調するためのお飾り的意味合いが強いものです。「確かに（なるほど）Aである、しかしB」のようなものも西洋の格調高い文章で頻出するスタイルです。したがって、重要なのは「しかし」以下の文なのですが、それもほとんど全体がお飾りです。改めて挙げてみましょう。

しかし、純然たる齟齬するものたちが、わたしたちの表象＝再現前化的な思考には近づくことのできない或る神的な知性の天上の彼岸を、あるいは非類似の《大洋》の、わたしたちには測深できない手前にある冥府を形成しているということも明らかである。

こういうのは豪華絢爛とも言うべき文ですが、一貫して同じ二項対立が走っています。つまり、それ自身における差異vs.表象＝再現前化、です。「表象＝再現前化的な思考には近づくことのできない或る神的な知性の天上の彼岸」とありますが、「表象＝再現前化的な思考には近づくことのできない」なのだから、これは差異それ自身サイドのことで、それを「或る神的な知性の天上の彼岸」と豪華に表現している。で、この文の主語は「純然たる齟齬するものたち」で、なんじゃそりゃと思うかもしれませんが、機械的に言ってそれは「表象＝再現前化的な思考」と対立するポジションなのだから、イコール差異それ自身です。「純然たる齟齬するものたち」＝差異それ自身、です。工夫して言い換えているわけですね。これも西洋的レトリックだと言えます。

たとえば、「おっちょこちょいで髭があるパン屋のフレデリック」という人物が登場するとして、最初「フレデリックは」と主語を立てたら、二回目では「髭のパン屋は」としたり、「そのおっちょこちょいは」としたり、またひと言で「その髭は」としたりするようなものです。昔の小説っぽい技法ですね。表現の豊かさの問題として、繰り返しを避けたい、というのがあるのです。論理的な文章で同じ言葉を使わずにコロコロ変えられたら困ると思うかもしれませんが、昔の人文的な書き物では、学問であっても格調が求められていたので、そういう言い換えも珍しくありません。「非類似の《大洋》」というのも、差異それ自身の側ということです。大げさに詩人のように表現しているわけです。「わたしたちには測深できない手前にある冥府」というのも言い換えているだけ。

ともかく、二項対立を意識し、お飾りを切り詰めて骨組みだけを取り出してシンプルに理解します。ただ、そのお飾りに重要なニュアンスが含まれる場合もある（デリダ的にはそう考えるべきです）、というのを一応付け加えておきます。ですがそこまで読み取るのは上級の読みなので、まずは骨組みだけで十分なのです。

ケース４：言い訳の高度な不良性

さて、もうひとつ。今度はデリダです。以下に挙げるのは、『哲学の余白』に含まれている「差延」の書き出し部分。

この最後のレッスンはここまでよりも難しいと思います。十分理解できなくても気にしないでください。以上のドゥルーズを題材とした説明でひとまず十分。ここからのデリダ読解は、中上級編です。

ドゥルーズの場合、またフーコーの場合、レトリックはそれほど本質的ではなく、主なストーリーをシンプルに取り出せる場合が多いと思います。ですがデリダは特別で、レトリックが内容と深く結びついています。だから最後に説明することにしました。

「差延」とはデリダ独自の概念で、差異＝différenceの二つ目の「e」を「a」に書き換えた、一見、綴りを間違っているように見える造語、différanceです。「e」を「a」にしてもフランス語では発音が変わりません。なので、話し言葉・声としては区別がつかないが、書かれたものとしては異なる、差異を持つ、という「差異に対するエクリチュール的差異」を示そうとする、ひじょうにアクロバット的な概念です。以下の文章は、それについて説明し始める冒頭部です。


それゆえに、私は一つの文字について話そう。

アルファベットを信用しなくてはならないのなら、そしてアルファベットをめぐって冒険を試みたさまざまな思弁の大多数の言うところを信じるのなら、それは第一番目の文字である。

それゆえに私はaという文字について、すなわち*différence*〔差異〕という語を書くに際して、そこかしこで導入する必要があると思われたこの第一番目の文字について話そう。しかもそのように思われたのは、エクリチュールについての或るエクリチュールを、そしてまたエクリチュールのなかで或るエクリチュールを書いている最中でのことである。したがってこのようなエクリチュールがたどるさまざまな行程はいずれもみな、いくつかのきわめて限定された地点ではからずも正書法《オルトグラフ》上の一種のひどい過失を経由することになる。すなわちエクリチュールを規制する正統性《オルトドクシー》に対する違反、書かれたもの《エクリ》を規制しそれを正しい礼節のうちに抑制する法に対する違反を、その行程ははからずも経由することになる。

（デリダ「差延」、『哲学の余白』上、高橋允昭・藤本一勇訳、法政大学出版局、二〇〇七年、三三頁）

実に面白いと思うのですが、いきなり「それゆえに」から始まります。フランス語ではdoncで、英語だとthereforeです。何も前提がないのに、意味不明ですよね。しかしこの後を読んでいくと、いきなり途中から始まるというこの仕立てが、差異の思考には絶対的な開始点がない、というような内容と関わっていることがわかってきます（doncのニュアンスとして、「それゆえに」という翻訳はちょっと硬いので、他の可能性としては、「というわけで」などが考えられると思います）。このようにデリダなどは、**言いたい内容を、書き**

方のレベルで一種のパフォーマンスとして示すということをやったりします。いきなり「カマして」くるわけです!

「差延」(différance)という造語について説明するわけですが、問題はその「a」なので、「私は一つの文字について話そう」なのです。その後の展開は、異常なまでに神経質に進みます。単純に、「différance は次のように定義される」ではないんですね。

まず、「a」というのが、アルファベットの一番目の文字であること、これは常識ですが、そこから疑った上で、まあそういうことにしておく、と仮固定する。「アルファベットを信用しなくてはならないのなら」、「そしてアルファベットをめぐって冒険を試みたさまざまな思弁の大多数の言うところを信じるのなら」という条件付きで、「a」が一番目であると仮に認めるのです。なんでそんなことから「仮」にしないといけないのか! と激しく苛立つかもしれません。ですがこれがデリダなのです。**徹底的に、論理を構成する要素をいちいち疑って、「一応仮固定しますが」という体裁で論じていく。**

ちょっと飛ばして、différance という造語がたんに綴りの間違い=「正書法《オルトグラフ》上の一種のひどい過失」に見える、ということの説明を見てみます。

したがってこのようなエクリチュールがたどるさまざまな行程はいずれもみな、いくつかのきわめて限定された地点ではからずも正書法《オルトグラフ》上の一種のひどい過失を経由することになる。すなわちエクリチュールを規制する正統性《オルトドクシー》に対する違反、書かれたもの《エクリ》を規制しそれを正しい礼節のうちに抑制する法に対する違反を、その行程ははからずも経由することになる。

「このようなエクリチュール」というのは差延、différance のこと。それが「さまざまな行程」を「たどる」というのは、移動するというわけで、これはエクリチュールがオリジナルから離れて誤解を生んでいくという話を暗示しています（この解釈にピンと来なければ、第一章をもう一度読んでみてください）。デリダのようにレトリックが本質的な役割を持つ書き手だと、ある程度の深読みが必要になります。

さて、移動するうちに、「いくつかのきわめて限定された地点」では、「正書法《オルトグラフ》上の一種のひどい過失」になるという。つまり、différance は綴りの間違いだと見なされる。ここも微妙な表現で、ゴチャゴチャ言ってるけど綴り間違いでこんな単語ないでしょ？　という雑なツッコミをひじょうに丁寧に退けているのです。というのは、ある単語の綴りが正しいかどうかを問題にするのは、それを問題にする観点がある場合＝「きわめて限定された地点」においてであって、たとえ綴りが間違っているように見えても、そういう造語として取り扱われる場合もありうるからです。

いや、単語の間違いは常識の話で、常識はどこでも常識だろ！　と言われるかもしれない。そうではない。常識が作動する地点とそうではない地点、言い換えれば、異なる「文脈」があるのです。綴りの常識が通用する地点を「きわめて」限定された、と強調しているのはとびきりの嫌味ですね。常識が通用する世界は、ごく局所的に成立しているものでしかないというわけです。

différance があちこちを移動する。そのときに、それがたんに綴り間違いになる文脈もあれば、独特の概念として作動する文脈もある。綴り間違いになる文脈は普遍的ではなく、「経由」されるだけなのです。常識というのはときどき経由されるものであって、絶対ではなく、仮固定されるものだ、ということになります。

> 書かれたもの《エクリ》を規制しそれを正しい礼節のうちに抑制する法に対する違反を、その行程ははからずも経由することになる。

正しい綴り、正しい書き方、真理を言う正しいエクリチュールとはこうである、というのは「礼節」の問題で、つまりマナーを押しつけているのであり、ところがエクリチユールは誤解を生み、真理と虚偽の境目を混乱させ、マナー違反をするのだが、それはマナーを強制される文脈をたまたま「経由」するときなのであって、それは「はからずも」であって、べつに違反したいからするのではなくそう「なってしまう」ときがあるだけで……いやはや、すいませんね！　というわけです。そしてこのことが、「それゆえに」から始まるというこの文章全体のマナー違反と結びついている。なんという高度な言い訳、なんという高度な不良性。

このように、綴り間違いに見える言葉を新概念として提示することの自己正当化、つまりは言い訳を繊細に書くことで、みんなが信じているものへのひじょうに嫌味ったらしい挑発が行われるのです。僕は、これこそが知性だと思いますね。

以上、基本的な四つのポイントを説明した上で、デリダにおける内容とレトリックを巧みに絡み合わせる例も見ました。デリダのケースは中上級です。

まずはレトリックにあまり足をとられないで骨組みを読む、という姿勢でいろいろ読んでみてほしいと思います。読書は積み重ねです。通読しなくても、可能な範囲で理解することを繰り返してください。いつか読みは深くなっていき、デリダのようなものも気がついたら読めるようになっているでしょう。

おわりに　秩序と逸脱

　こうして『現代思想入門』をお届けすることができ、ほっとしています。いつかこういう本を書きたいと願っていました。講談社現代新書からこれを出していただけるというのは本当に感慨深いことです。かつて僕は、講談社現代新書の今村仁司編『現代思想を読む事典』を拾い読みして、実に軽薄なことですが、いつかここにあるようなカッコいい概念を使えるようになったらなあ……と憧れていたのでした。『現代思想を読む事典』は一九八八年の本ですが、今こそ読まれるべき一冊だと思います。

　本書は、立命館大学文学部の授業「ヨーロッパ現代思想」をベースにしています。授業に参加してくれた学生の皆さん、ありがとうございました。デリダ、ドゥルーズ、フーコーの三人、ラカンの精神分析、そしてポスト・ポスト構造主義というのが授業でも中心で、その説明を試行錯誤するなかで本書の構想ができてきました。

　それにしても、こういう本は三〇代では書けなかった。四〇代になって、人生の折り返し地点になってやっと、もう書くしかないや、と思えた。それは一種の諦めです。今の状態で、僕の現代思想理解はいわば「飽和」している。もうこの先大きく変わることはない。意図的に変えようとしなければ変わらないだろう理解がもう固まっていて、それは限界でもあり、それをどうするかを考えなければならないのですが、ともかくその理解を外部化する＝書いてしまう必要がある、と思ったのです。もっと他の読み方もあるかもしれないけれど、僕にとって現代思想はこうで、もうこうなってしまったので仕方ないからそれを客観視しよう、という諦めなのです。

重要な事項が欠落していたり、解釈の誤りがありましたら、ご指摘をよろしくお願い致します。

「はじめに」でも述べたように、本書は、九〇年代末から二〇〇〇年代の大学生活を通して経験した現代思想のある種の読み方をアレンジしたものです。僕が学んだのは東京大学大学院総合文化研究科、いわゆる「駒場」で、本書の説明は駒場での現代思想観の一例だとも言えます。過ぎ去った一時代と場所の記憶が本書に染み渡っていることは確かです。しかしそのことは無視してください。僕としては、ここで示した解釈は十分一般性があるものだと自負しています。ですが……矛盾するようだけれども、この背景に過去の残像があることもまた、こうして最後に付記したくなるのです。

現代思想はもはや「二〇世紀遺産」であり、伝統芸能のようになっていて、読み方を継承する必要があります。などという意識を持つようになるとは、かつては想像もしませんでした。僕が二〇代半ばまでは現代思想は確かに「現代」で、その先端を切り開く研究者になるんだと気張っていましたが、当時であればそれは自然なことでした。ところが三〇代になり、メイヤスーら思弁的実在論の紹介も行い、さらに時が流れて二〇二〇年代というSF的ですらある時代に四〇代となり、気づけばあの「現代」は過ぎてしまっていた。本書では「現代思想のつくり方」の形式化も試みましたが、今の思想状況にはマンネリ感があるし、誰かが打破してくれないかという思いもあってのことです。

僕自身の感覚としては、本書は、専門家としてというより、一〇代からフランス現代思想に憧れ、リゾームだの脱構築だのと言ってみたい！ という「カッコつけ」から出発した現代思想ファンの総決算として書いたのかもしれません。これは青春の総括であり、憧れへの終幕なのです。

振り返ってみると、現代思想を通して僕が格闘してきたのは、おそらく「秩序と逸脱」というテーマでした。本書は入門書ではありますが、「秩序と逸脱」という二極のドラマとして現代思想を描き直した研究書でもあります。現代思想は、秩序を小馬鹿にし、後先考えずに逸脱的なものを称揚する思想のように批判されるときがありますが、それは違う、もっと難しいことを考えているのだ、というのが僕がずっと思ってきたことです。現代思想は、秩序を仮固定的なものと見なし、たえず逸脱が起きながらも諸要素がなんとか共存する状態を考察している、というのが僕の見方なのです。そのような秩序と逸脱の関係は、僕にとっては芸術の問題、「芸術的に生きるとはどういうことか」という問題であり、それが子供のときからのテーマなのだと思います。

これは精神分析的ですが、僕はつねに、「頑固な法がある、そこからの逸脱が起きる、そこで逸脱をどう弁護するか」ということばかり考えてきました。

高校二年のとき、父に、法学部へ行って弁護士になれと言われたのですが、法律には興味がなく、やはり批評や思想をやりたいということになりました。しかし、それで現代思想を学ぶなかで見出されたのは、ある種の弁護術でした。日本の法律という特殊具体的な文脈における弁護ではなく、もっと広い範囲で、いや、存在全体という最大の範囲において、逸脱的で芸術へと向かう生き方をいかに弁護するかという問題に取り組むことになった——と、今なら振り返ることができます。

個人的な話ですいません。本書は、「こうでなければならない」という枠から外れていくエネルギーを自分に感じ、それゆえこの世界において孤独を感じている人たちに、それを芸術的に展開してみよう、と励ますために書かれたのでしょう。

本書が、人生をより活力あるものにするために少しでも役立つことを願います。

最初の構想から予想以上に時間がかかり、本書は長期間にわたる講談社の栗原一樹さんとの共同作業によって成立しました。大変な編集の労をとってくださったことに深く御礼申し上げます。栗原さんが青土社の『現代思想』編集長を務めておられた時期に、同誌にてたびたび思弁的実在論の動向を紹介する機会をいただきました。その栗原さんとタッグを組めたことをとても嬉しく思います。また、フーコーおよび精神分析に関する記述を検討してくださった柵瀬宏平さん、デリダからの引用の取り扱いについて相談に乗ってくださった宮﨑裕助さん、お忙しいなかご協力をいただき誠にありがとうございました。

二〇二二年一月　昨年より寒く感じる大阪にて

講談社現代新書　2653

現《げん》代《だい》思《し》想《そう》入《にゅう》門《もん》

二〇二二年三月二〇日第一刷発行　二〇二四年八月二三日第一〇刷発行

著　者　千《ち》葉《ば》雅《まさ》也《や》　

発行者　森田浩章
発行所　株式会社講談社
東京都文京区音羽二丁目一二―二一　郵便番号一一二―八〇〇一
電　話　〇三―五三九五―三五二一　編集（現代新書）
〇三―五三九五―四四一五　販売
〇三―五三九五―三六一五　業務
装幀者　中島英樹
印刷所　株式会社ＫＰＳプロダクツ
製本所　株式会社国宝社
本文データ制作　講談社デジタル製作
定価はカバーに表示してあります　Printed in Japan

N.D.C.100　245p　18cm
ISBN978-4-06-527485-9

「講談社現代新書」の刊行にあたって

教養は万人が身をもって養い創造すべきものであって、一部の専門家の占有物として、ただ一方的に人々の手もとに配布され伝達されうるものではありません。

しかし、不幸にしてわが国の現状では、教養の重要な養いとなるべき書物は、ほとんど講壇からの天下りや単なる解説に終始し、知識技術を真剣に希求する青少年・学生・一般民衆の根本的な疑問や興味は、けっして十分に答えられ、解きほぐされ、手引きされることがありません。万人の内奥から発した真正の教養への芽ばえが、こうして放置され、むなしく滅びさる運命にゆだねられているのです。

このことは、中・高校だけで教育をおわる人々の成長をはばんでいるだけでなく、大学に進んだり、インテリと目されたりする人々の精神力の健康さえもむしばみ、わが国の文化の実質をまことに脆弱なものにしています。単なる博識以上の根強い思索力・判断力、および確かな技術にささえられた教養を必要とする日本の将来にとって、これは真剣に憂慮されなければならない事態であるといわなければなりません。

わたしたちの「講談社現代新書」は、この事態の克服を意図して計画されたものです。これによってわたしたちは、講壇からの天下りでもなく、単なる解説書でもない、もっぱら万人の魂に生ずる初発的かつ根本的な問題をとらえ、掘り起こし、手引きし、しかも最新の知識への展望を万人に確立させる書物を、新しく世の中に送り出したいと念願しています。

わたしたちは、創業以来民衆を対象とする啓蒙の仕事に専心してきた講談社にとって、これこそもっともふさわしい課題であり、伝統ある出版社としての義務でもあると考えているのです。

一九六四年四月　野間省一